グローバル教育出版

PREFACE（はじめに）

本書は、英語を勉強し始めた小学生のみなさんが、楽しみながら勉強をすすめることができるようにつくられています。

英語の基礎力を身につけ、「使える英語」がつちかえるよう英語検定3～4級に相当する内容の英単語が中心となっています。

小学校で英語が必修化されます。本書では、むずかしい漢字にはなるべく「ふりがな」をつけて、小学生でも学習できるように工夫されています。また、同じ理由から発音をカタカナ（アクセントがある音を太字）で表記しました。

今まで知らなかった新しいことがらを学んでいくことは、何かわくわくするものがありますね。まして、ことばは、人の考え方やものの見方、その背景にある歴史や文化を知る手がかりになるものです。

それだけに、ことばの勉強は、単にテストの成績や資格をとるためのものに終わらせるのではなく、楽しみながら長くつきあっていきたいものです。英語に限らず、はじめは難しく感じるものですが、「習うより慣れよ」(Practice makes perfect. 練習が完全さをつくる）ということわざが、それをよくしめしています。ことばの勉強は、反復練習がもっとも大切です。慣れるにつれて、自然にできるようになっていくものです。

本書は、わかりやすいイラストや楽しいクイズ、パズルなどで構成された「問題発見・解決型」になっています。英語を学びはじめたみなさんにも、無理なく英語に接することができ、また、いろいろな場面別に単語をグループで覚えられるように編集してありますので、ムダのない勉強を繰りかえし行うことができると思います。

なじみやすく、おもしろいクイズとパズルを解きながら、自然に英語の基本的な知識や表現が身についていくことでしょう。

さあ、楽しく「英語」の勉強をはじめましょう。

CONTENTS（目次）

PART 1

PART 2

PART 3

PART 1

1
HAND
FLAG
KEY
JAM
LEAF
ICECREAM
CAR
EGG
GUM
APPLE
DOG
BUTTER

かくれている生き物は？

小文字のa～zまで、アルファベットの順番につなぐと、ある生き物があらわれるよ。それは何？ 【答えは9ページ】

単語の迷路

□のところにN～Zまでのアルファベットの大文字を入れて単語を完成させていこう。完成した後、スタートからアルファベットの順に道をたどっていくと、その途中で出会う男の子と女の子の数はどちらが多いでしょう？ ただし、同じ道を2度通ることはできないよ。

【答えは13ページ】

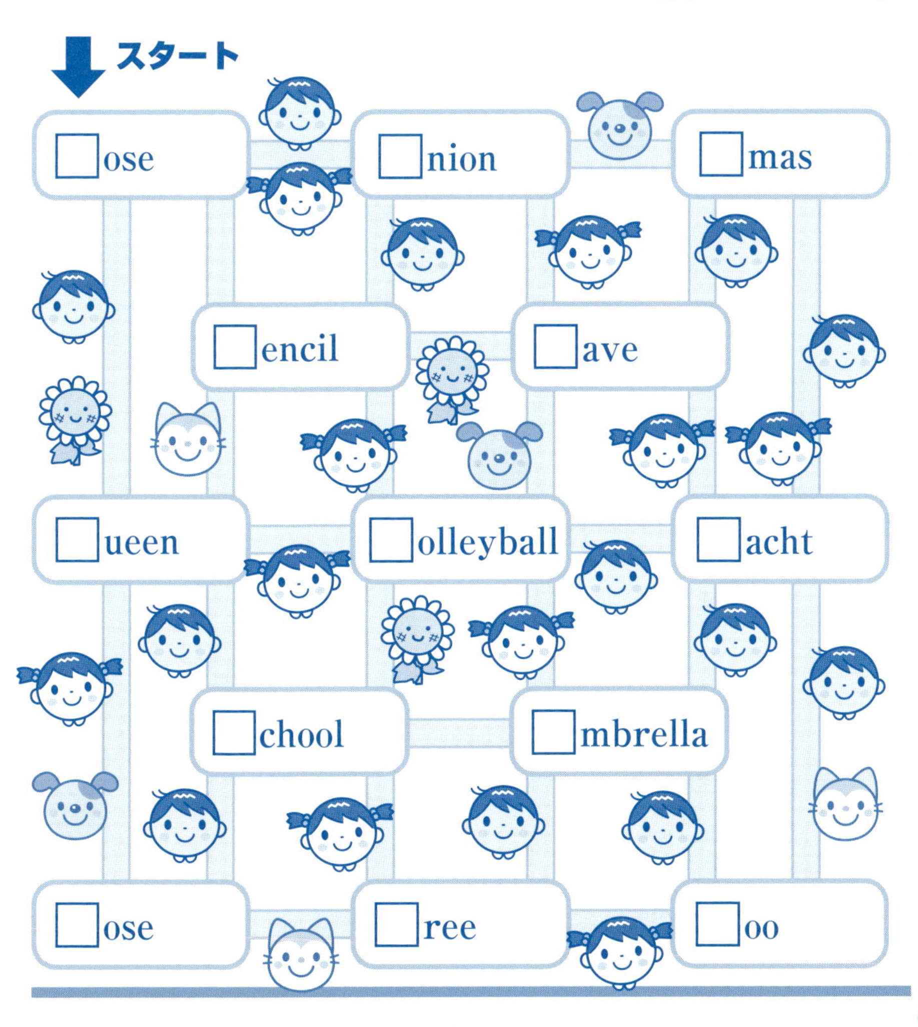

ぬけているカードは？

左上のカードから順に□のところに**A**～**M**までアルファベットの大文字を入れて単語を完成させていこう。ただし、途中、右の**ア**～**ウ**のどれかが1まいのカードがぬけています。それはどれかな？

【答えは11ページ】

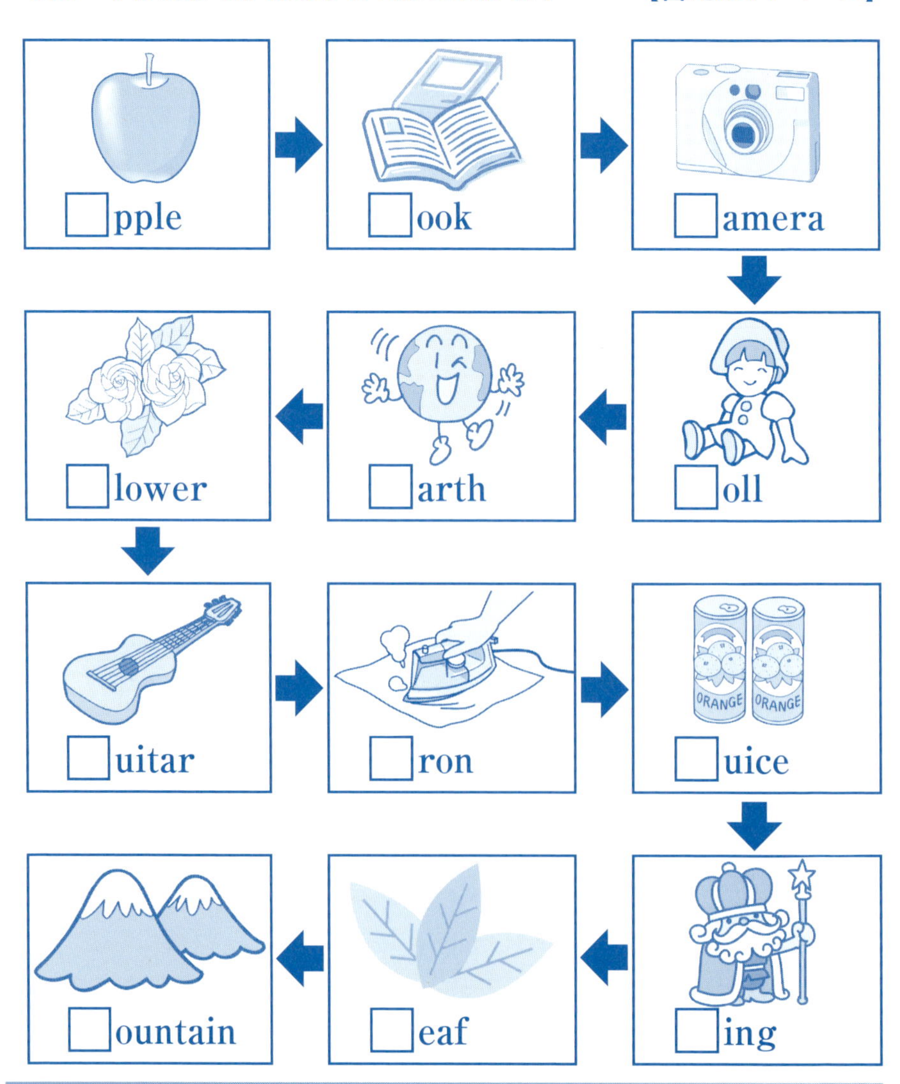

下のようにトンボの絵が現れるよ。
トンボは英語で、Dragonfly
（ドゥラァゴンフライ）というよ。

英検4級レベル

絵で見る英単語①

よく知っている鳥たち。英語では、どういうのかな？ 次の問題に関係してくるよ。

次のページの問題のための「例」だよ

例 スタートのところから入って迷路の中にあるアルファベットを拾いながら、全部の部屋を通ってゴールにたどり着くルートを見つけてください。ゴールにたどりついたら、アルファベットを拾った順に並べて単語を作りましょう。ただし、黒マスの部屋に入ることはできません。また、一度通った部屋にも入れません。

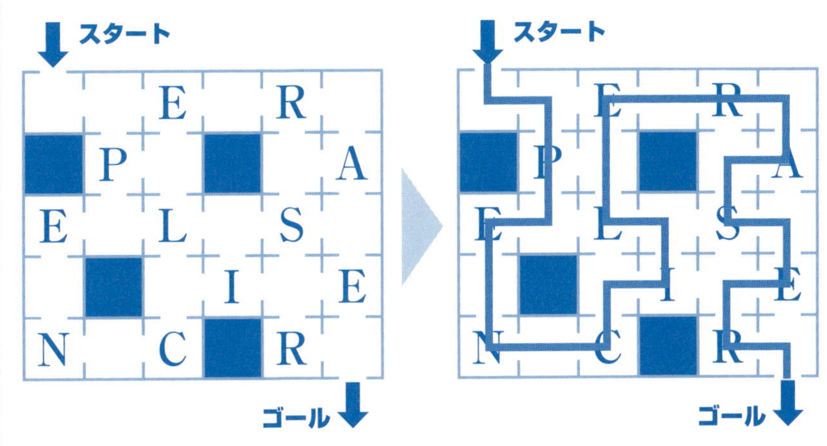

＊拾ったアルファベットを順番に並べると、pencil（鉛筆）とeraser（消しゴム）の2単語ができます。

● 次のページの問題をやってみよう。

イのカードがぬけている

アはEgg、**イ**はHorse、**ウ**はItalyで、パズルのカードは、Apple→Book→Camera→Doll→Earth→Flower→Guitar→（　　）→Iron→Juice→King→Leaf→Mountain の順にならんでいるので、「H」で始まる**イ**のカードがぬけているよね。

● 3種類の鳥が現れるよ。
2番目に出てくる鳥は何かな？

【答えは15ページ】

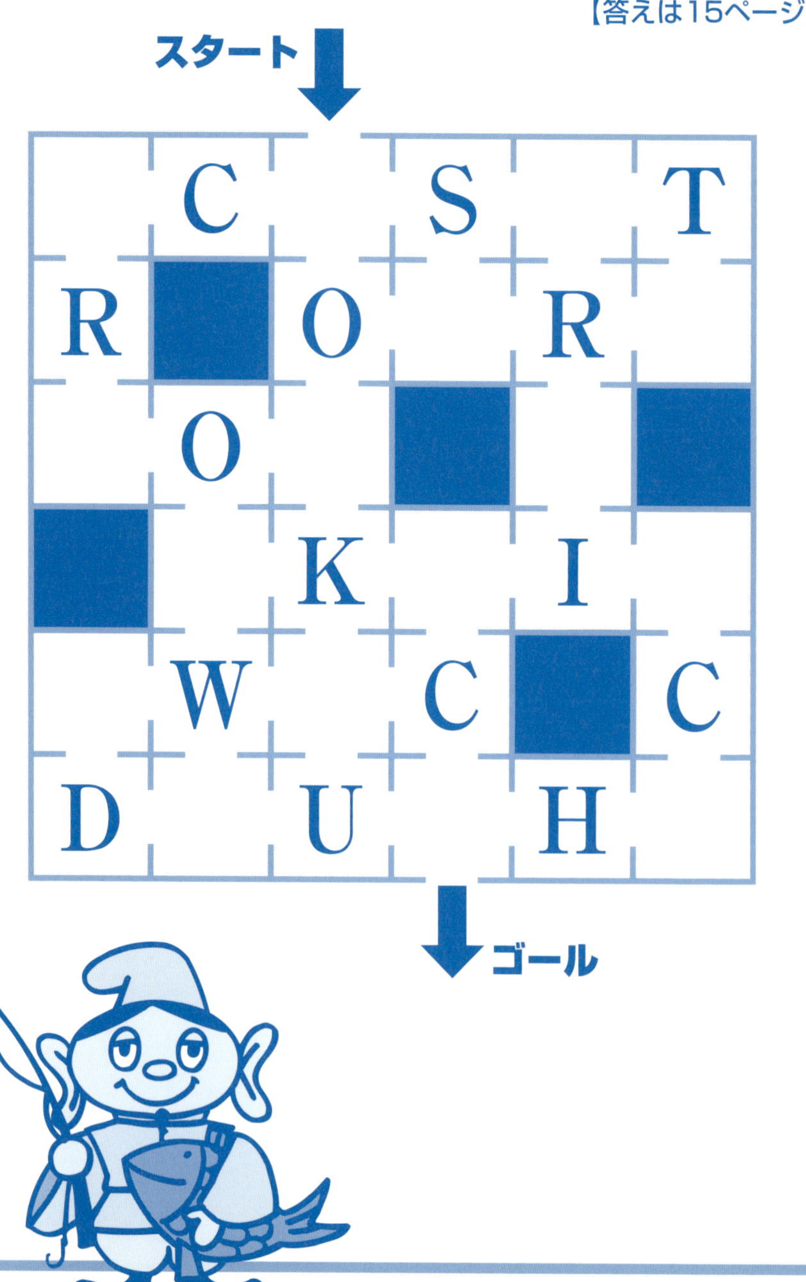

男の子

単語を完成させて正解のルートをたどると、下のように7人の男の子と5人の女の子に出会います。

Xmas はChrismas の略式。
日本ではアポストロフィをつけて
X'mas と書きますが、英語ではマレです。

絵で見る英単語②

今度は動物。好きな動物はどれかな？
次の問題に関係してくるよ。

●Q4と同じように、迷路の中にあるアルファベットを拾いながら、全部の部屋を通ってゴールにたどり着くルートを見つけてください。黒マスの部屋や、一度通った部屋には入れませんよ。アルファベットを拾った順に並べると、4種類の動物が現れるけど、3番目に出てくる動物は何かな？ 【答えは17ページ】

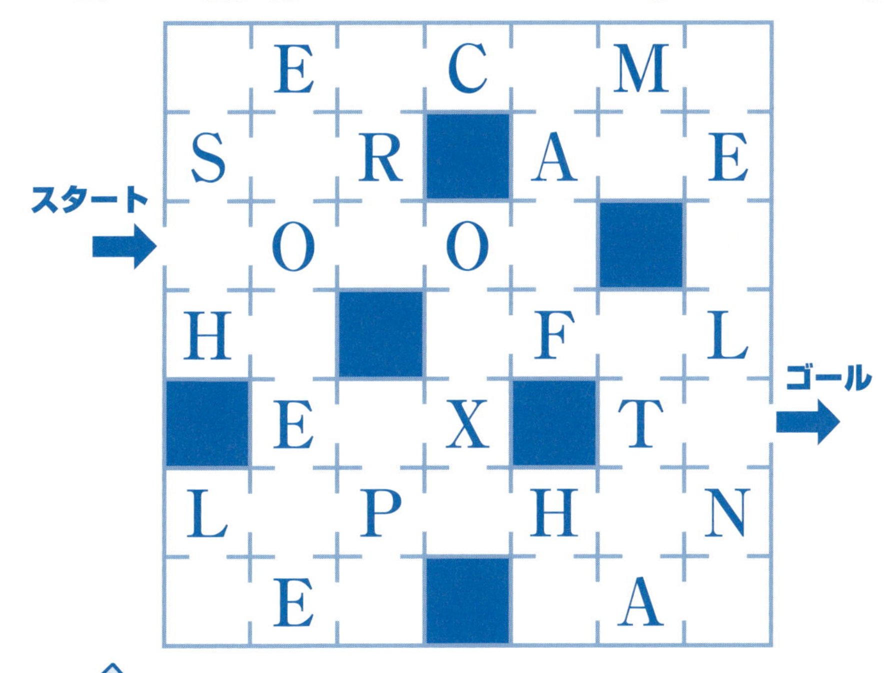

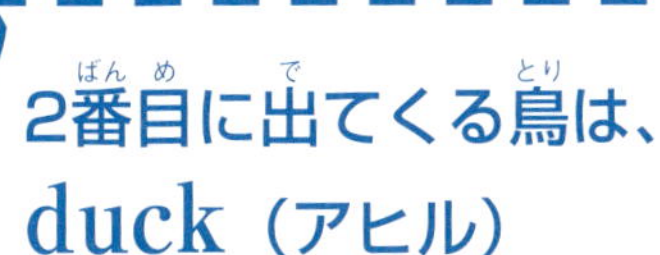

2番目に出てくる鳥は、duck（アヒル）

正解のルートは右のとおりで、crow（カラス）、duck（アヒル）、ostrich（ダチョウ）の3つの単語ができます。

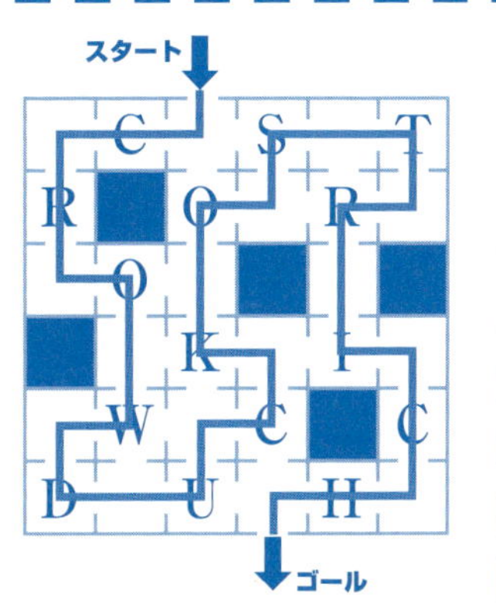

英検4級レベル

シークワーズ①

学校に関係のある物を集めました。リストにある単語を右のパズルの中からさがし出してください。リストの単語は、例のようにタテ、ヨコ、ナナメの一直線につながっています。全部見つけ出したら、マス目に残る4個の文字を組み合わせてできる、学校に関係のある単語を答えてください。

【答えは19ページ】

リスト

- bag（バァッグ）バッグ、かばん
- ball（ボール）ボール
- calendar（キァレンダ）カレンダー
- chair（チェア）いす
- clay（クレイ）ねんど
- comics（カミックス）まんが
- desk（デスク）机【例】
- dictionary（ディクショネリ）辞書
- eraser（イレイサァ）消しゴム
- globe（グロウブ）地球儀
- glue（グルー）接着剤
- ink（インク）インク
- map（マァップ）地図【例】
- notebook（ノウトブック）ノート
- paint（ペイント）絵の具
- paper（ペイパァ）紙
- paste（ペイスト）のり
- pencil（ペンスル）えんぴつ
- pupil（ピュープル）生徒
- teacher（ティーチァ）先生

G	L	U	E				T	L	P	R
A	T	M	B	N	R	K	N	I	E	A
B	E	C	O	O	E	K	I	P	N	D
S	A	H	L	T	S	A	A	U	C	N
C	C	A	G	E	A	P	P	P	I	E
L	H	I	D	B	R	A	B	A	L	L
A	E	R	M	O	E	S	X	M	E	A
Y	R	A	N	O	I	T	C	I	D	C
				K	C	E				

3番目に出てくる動物は、fox（きつね）

正解のルートは右のとおりで、
horse（馬）、
camel（ラクダ）、
fox（きつね）、
elephant（象）
の4つの単語ができます。

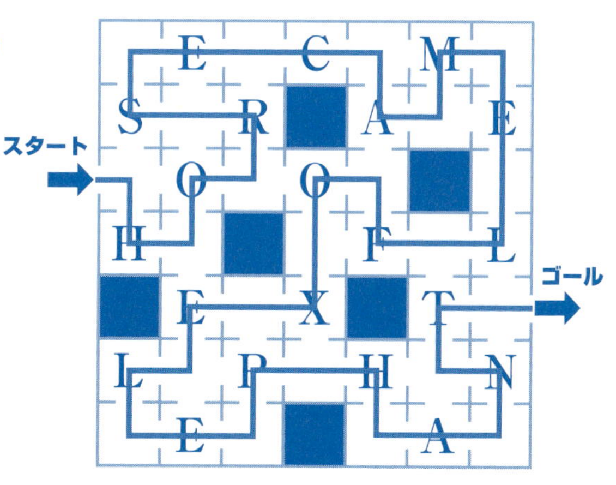

絵（え）で見（み）る英単語（えいたんご）③

いろいろな職業（しょくぎょう）を紹介（しょうかい）するよ。
キミは将来（しょうらい）何（なに）になりたい？

●前のページの職業を表す15の単語のうち、14の単語を下のマス目に↓→の方向にあてはめてパズルを完成させてください。ただし、office workerなどのように2語で表されるものも、間をあけずに続けてマス目に入れてください。

パズルが解けたら、マス目に入らずに残った職業を答えてください。

【答えは21ページ】

イグザァム
exam
(試験)

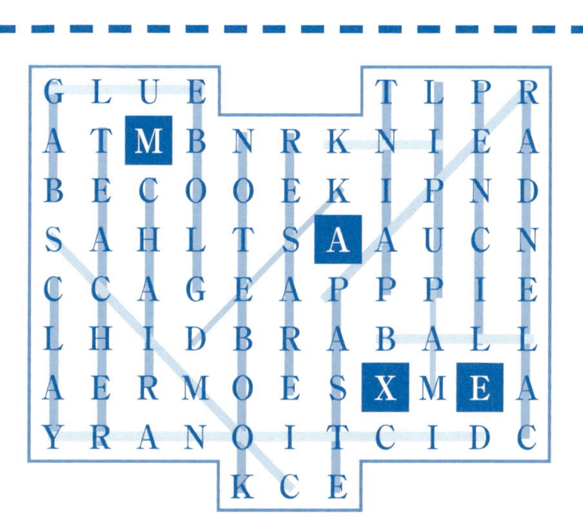

自分のからだ①

目、耳、口、…など顔の各部分の名前は英語で何と言うのかな？ ①～④は正しいほうを○で囲んでください。○で囲んだほうのアルファベットを順につなげると、ある単語ができるよ。

【答えは23ページ】

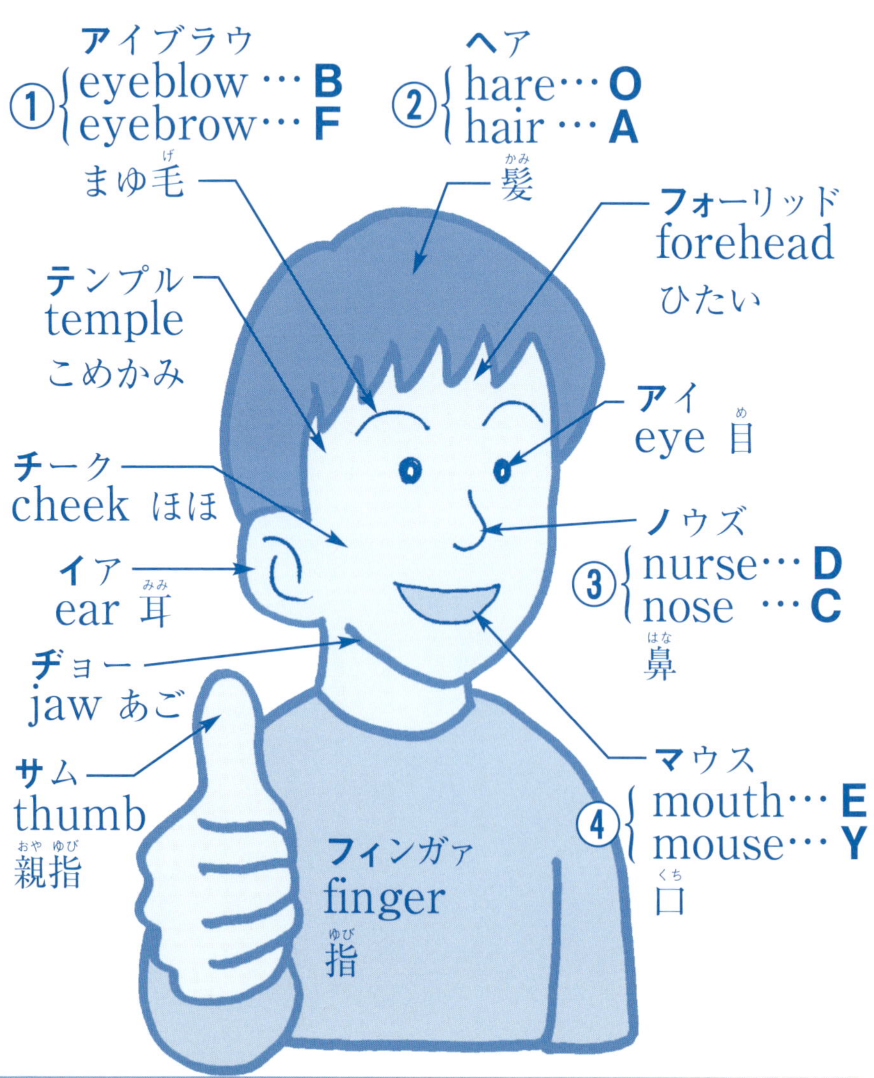

announcer（アナウンサー）

	F		P	I	L	O	T						A
	I		O					B	A	R	B	E	R
	S		L					A					T
	H	A	I	R	D	R	E	S	S	E	R		I
	E		C					E					S
	R		E			F		B					T
	M		O			A		A					
	A		F			R		L	A	W	Y	E	R
	N		F			M		L					E
			I			E		P			S		P
	D	O	C	T	O	R		L			I		O
			E					A			N		R
F	L	O	R	I	S	T		Y			G		T
								E			E		E
O	F	F	I	C	E	W	O	R	K	E	R		R

自分のからだ②

からだの各部分の名前も覚えよう。
①～⑥は□の中につづりを入れてください。わからない人は右のアミダをたどればカンタンだよ。 【答えは25ページ】

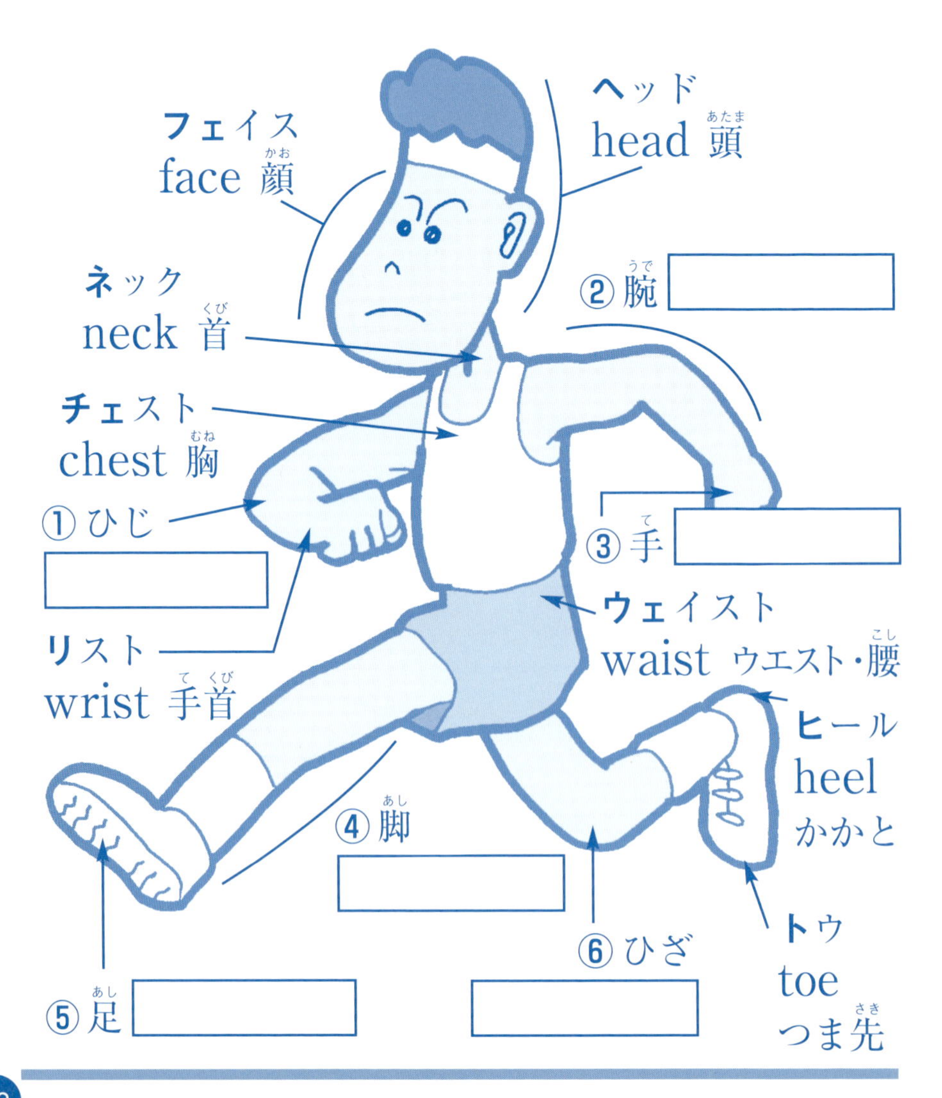

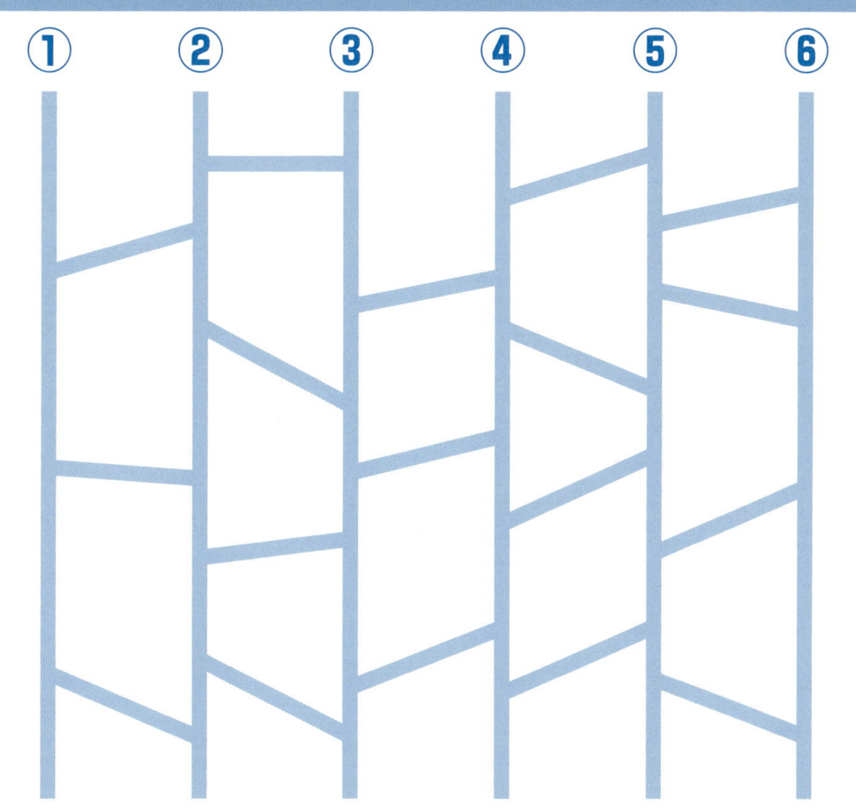

arm	foot	leg	knee	elbow	hand
アーム	フット	レッグ	ニー	エルボー	ハンド

FACE（フェイス）顔

①は、eyebrow が正解。
②は hair が正解で、hare は野ウサギ。
③は nose が正解で、nurse は看護婦（士）。
④は mouth が正解で、mouse はハツカネズミ。

英検4級レベル

絵で見る英単語④

いろいろな乗り物です。

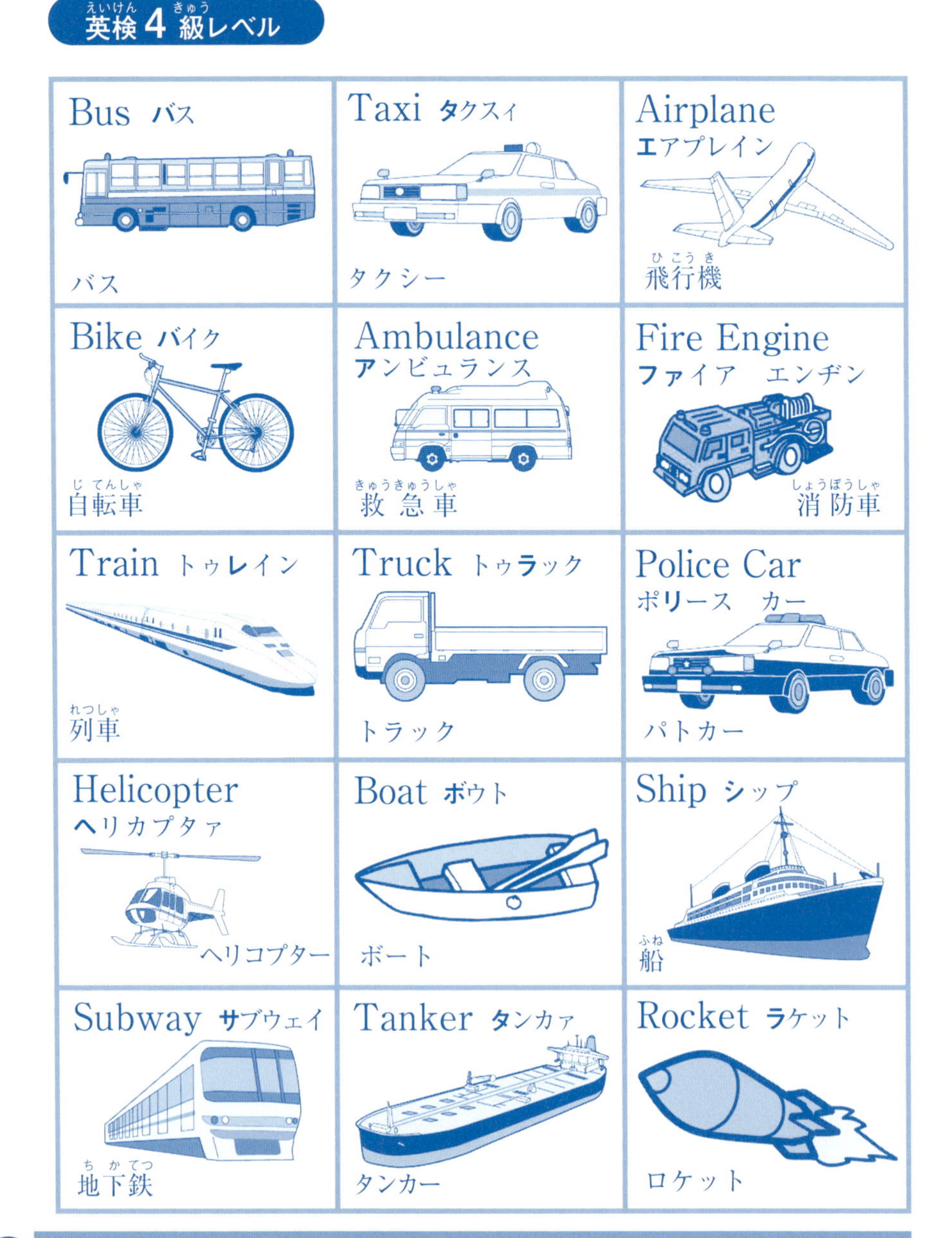

● 左のページの乗り物を表す15の単語をパズル面からさがし出して、例のように一つずつブロック分けしてください。
単語はすべてタテ・ヨコにつながっています。また、2単語で表されるものも続けて書かれています。全部のブロック分けが終わったら、マス目に残る5個の文字を組み合わせてできる、乗り物の名前を答えてください。

【解き方のコツ】 M、W、X など使われる回数の少ない文字に注目しよう。

【答えは27ページ】

↓【例】train

			U	B	M	Y	A	T	R	A
			L	P	A	H	W	B	N	I
			A	I	H	N	G	U	S	E
			N	F	S	E	I	S	Y	N
R	T	E	C	I	R	E	N	U	B	A
U	C	O	R	C	B	R	E	R	P	L
A	K	C	E	H	O	A	A	I	I	X
R	E	K	L	T	A	C	T	I	B	A
E	T	C	I	N	K	E	C	K	E	T
T	P	O	T	A	E	R	I	L	O	P

①elbow ひじ　②arm 腕
③hand 手　④leg 脚　⑤foot 足　⑥knee ひざ

英検4級レベル

シークワーズ②

野菜と果物を集めました。リストにある単語をパズルの中からさがし出してください。右のリストの単語は、タテ、ヨコ、ナナメの一直線につながっています。全部見つけ出したら、マス目に残る5個の文字を組み合わせてできる、果物を答えてください。 【答えは29ページ】

					R					
					E					
T	R	A	E	P	W	G	R	A	P	E
N	N	O	I	N	O	L	E	M	E	C
A	I	O	I	A	L	E	R	P	R	U
L	A	K	M	W	F	E	A	A	S	T
P	N	C	P	E	I	K	D	P	I	T
G	A	H	L	M	L	K	I	A	M	E
G	N	E	U	P	U	N	S	Y	M	L
E	A	R	M	L	A	P	H	A	O	P
	B	R	O	C	C	O	L	I	N	
		Y	H	C	A	E	P	E		

リスト

banana (バナナ) バナナ
broccoli (ブラカリィ) ブロッコリー
cauliflower (コーリフラウア) カリフラワー
cherry (チェリィ) さくらんぼ
corn (コーン) とうもろこし
eggplant (エグプラント) なす
grape (グレイプ) ぶどう
kiwi (キィーウィー) キウイ
leek (リーク) ねぎ
lemon (レモン) レモン
lettuce (レタス) レタス
melon (メロン) メロン
onion (アニョン) たまねぎ
papaya (パパイア) パパイア
peach (ピーチ) もも
pear (ペア) 西洋(せいよう)なし
persimmon (パスィモン) かき
plum (プラム) プラム
pumpkin (パンプキン) かぼちゃ
radish (ラディシ) はつか大根(だいこん)
spinach (スピニチ) ほうれん草(そう)

Yacht
(ヤット)
ヨット

			U	B	M	Y	A	T	R	A
			L	P	A	H	W	B	N	I
			A	I	H	N	G	U	S	E
			N	F	S	E	I	S	Y	N
R	T	E	C	I	R	E	N	U	B	A
U	C	O	R	C	B	R	E	R	P	L
A	K	C	E	H	O	A	A	I	I	X
R	E	K	L	T	A	C	T	I	B	A
E	T	C	I	N	K	E	C	K	E	T
T	P	O	T	A	E	R	I	L	O	P

英検4級レベル

絵で見る英単語⑤

キミが好きなスポーツは何かな？

●前のページのスポーツを表す12の単語を下のマス目に↓→の方向にあてはめてパズルを完成させてください。パズルを解いたあと、色のついたマスに入る6つの文字を番号順にならべてできる単語と関係のあるスポーツ用具は、次の**a**～**c**のうちどれでしょう。

【答えは31ページ】

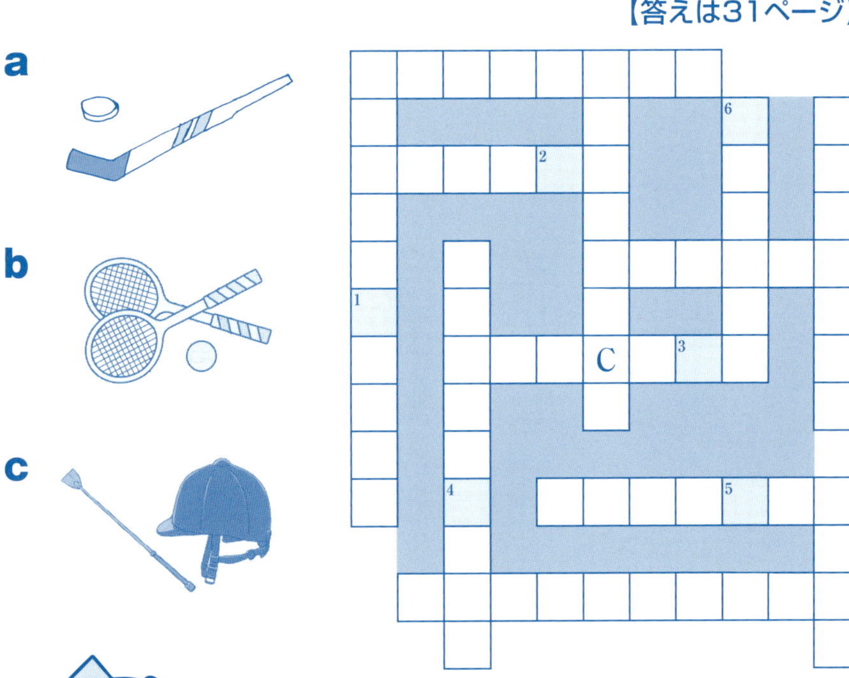

apple

（アプル）

りんご

反対語(opposite)①

反対の意味の言葉を集めたよ。

【答えは33ページ】

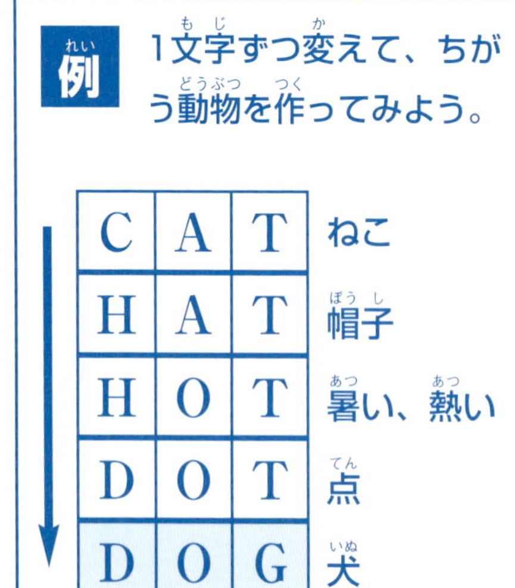

例 1文字ずつ変えて、ちがう動物を作ってみよう。

C	A	T	ねこ
H	A	T	帽子
H	O	T	暑い、熱い
D	O	T	点
D	O	G	犬

① 1文字ずつ変えて、反対語を作ってみよう。

D	R	Y	かわいた
D		Y	日
		Y	湾、入り江
			バット
			賭ける
			しめった

② 1文字ずつ変えて、反対語を作ってみよう。

H	E	A	D	頭、コインの表
H	E	A		治す
H	E			地獄
	E			話す
				背の高い
				しっぽ、コインの裏

b できる単語は tennis（テニス）テニス

a はホッケー（hockey ハキ）のスティックとパック、**c** は乗馬（riding ライディング）の鞭と帽子ですね。

B	A	S	E	B	A	L	L			
A					E			S		J
S	O	C	C	E	R			K		O
K					O			I		G
E		B			B	O	X	I	N	G
T		A			I			N		I
B		D	A	N	C	I	N	G		N
A		M			S					G
L		I								
L		N		S	K	A	T	I	N	G
		T								O
	V	O	L	L	E	Y	B	A	L	L
		N								F

1週間（week）

曜日のいわれは知っているかな？ 神話がもとになっているものが多いんだよ。

それぞれの曜日の由来を右から選んで、〔　〕に入れてください。また、それをヒントにそれぞれの曜日のつづりを□の中に1文字づつ入れてね。

【答えは37ページ】

サンディ
① □□□day …〔　　〕
日曜日

マンディ
② □□□day …〔　　〕
月曜日

テューズディ
③ □□□□day …〔　　〕
火曜日

ウェンズディ
④ □□□□□□day …〔　　〕
水曜日

サーズディ
⑤ □□□□□day …〔　　〕
木曜日

フライディ
⑥ □□□day …〔　　〕
金曜日

サタディ
⑦ □□□□□day …〔　　〕
土曜日

POINT

■ 曜日のいわれ

(a) 北欧神話の主神オーディン（Woden）をたたえる日

(b) 北欧神話の女神フリッグ（Frigg）にささげられた日

(c) ローマ神話の農耕の神サトゥルヌス（Saturn）の名前から

(d) 太陽の日（the day of the sun）という意味

(e) 北欧神話に出てくる戦争の神チュール（Tiu）をたたえる日

(f) オーディンの息子で「雷神」とも呼ばれるトール（Thor）をたたえる日

(g) 月の日（the day of the moon）という意味

①dry ⇔ wet

②head ⇔ tail

①

D	R	Y	かわいた
D	A	Y	日
B	A	Y	湾、入り江
B	A	T	バット
B	E	T	賭ける
W	E	T	しめった

②

H	E	A	D	頭、コインの表
H	E	A	L	治す
H	E	L	L	地獄
T	E	L	L	話す
T	A	L	L	背の高い
T	A	I	L	しっぽ、コインの裏

絵で見る英単語⑥

街で見かけるいろいろなお店や建物です。

post office ポウスト オーフィス 郵便局	fire station ファイア ステイション 消防署	police station ポリース ステイション 警察署
bakery ベイカリィ パン屋	meat shop ミートシャップ 肉屋	restaurant レストラン レストラン
church チャ～チ 教会	bus stop バス スタップ バス停	hospital ハスピトゥル 病院
drugstore ドゥラグストーァ 薬局	barbershop バーバーシャップ 床屋	toyshop トイシャップ おもちゃ屋
school スクール 学校	gas station ギャス ステイション ガソリンスタンド	museum ミューズィアム 美術館、博物館

●お母さんに　おつかいを頼まれたアキラ君は、下のメモに書かれている順に買い物をしました。

－メモ－
① かぜ薬
② 葉書と切手
③ 食パン1斤
④ ひき肉400g

アキラ君は、スタートのところから出発して、買い物の途中いろいろより道をしたよ。
・薬屋に行く前に、消防署の前を通りました。
・郵便局に行く前に、美術館の前を通りました。
・パン屋に行く前に、おもちゃ屋の前を通りました。
さて、アキラ君は、同じ道を2度通ることなく家にもどってきましたが、この買い物の途中で前を通らなかった建物は「病院」「教会」「学校」のうちどれでしょう。

【答えは39ページ】

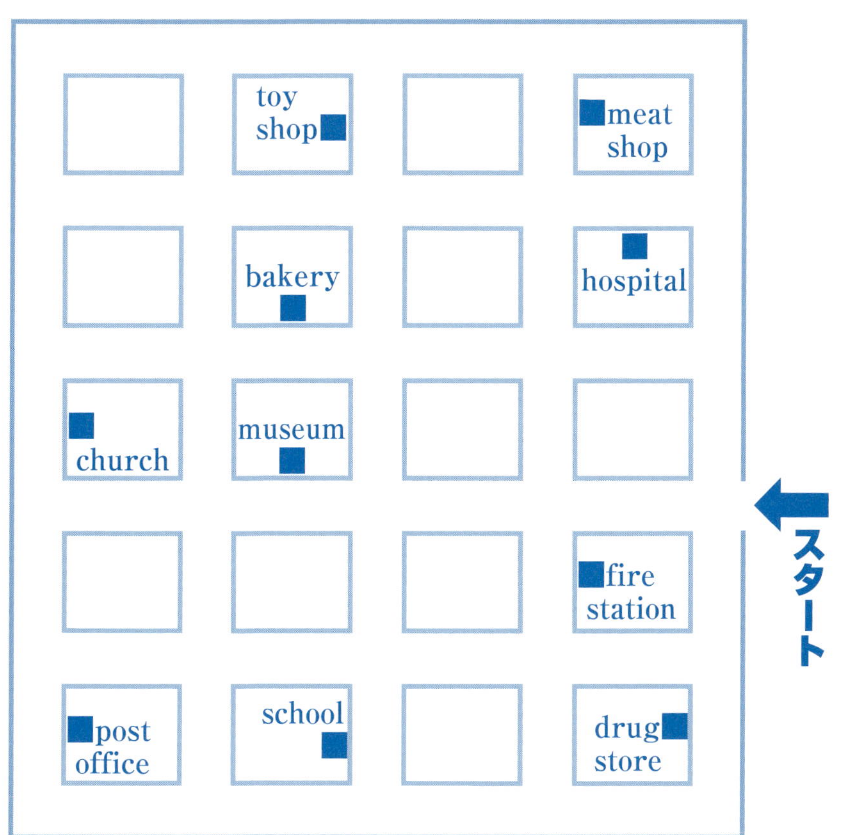

反対語(opposite)②

次の①～⑥の反対語は何でしょう？
右の線で結ばれている単語が答えだよ。

【答えは41ページ】

ノース　サウス
① north ⇔ [?]
北　南

イースト　ウェスト
② east ⇔ [?]
東　西

イェスタデイ　トゥモロウ
③ yesterday ⇔ [?]
昨日　明日

プラス　マイナス
④ plus ⇔ [?]
プラス(正の)　マイナス(負の)

ウィン　ルーズ
⑤ win ⇔ [?]
勝つ　負ける

スィーリング　フローア
⑥ ceiling ⇔ [?]
天井　床

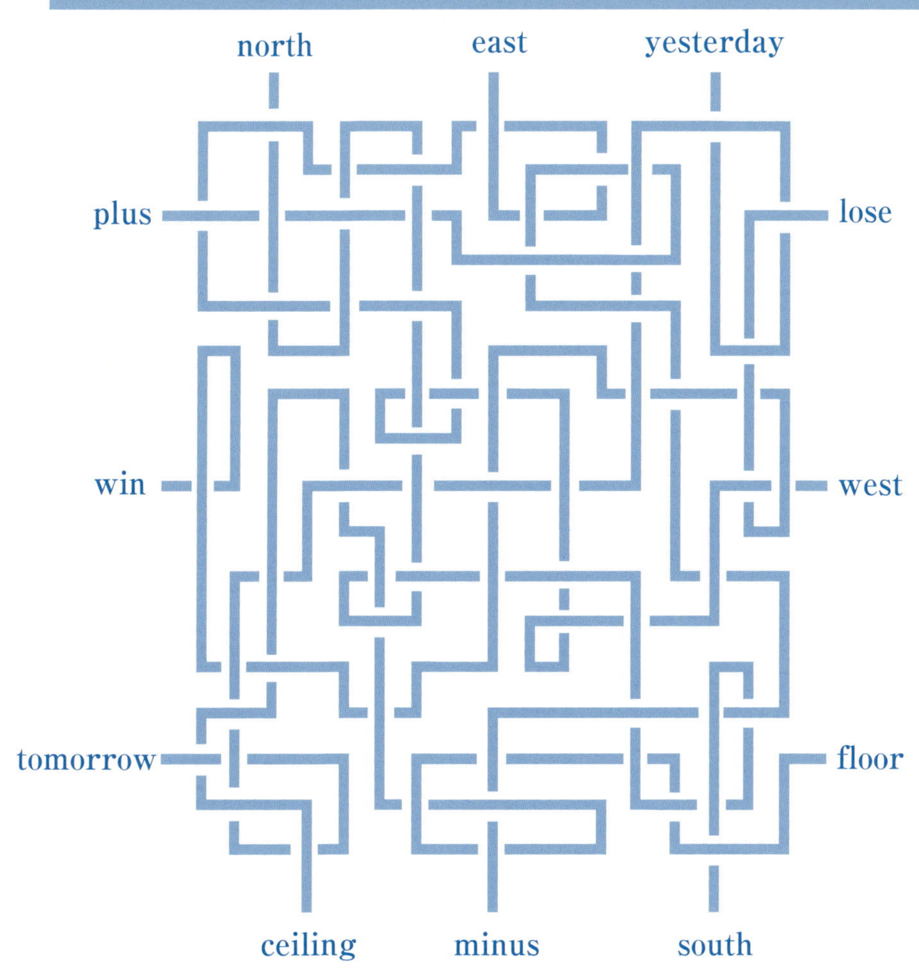

① Sunday …**(d)**

② Monday …**(g)**

③ Tuesday …**(e)**

④ Wednesday …**(a)**

⑤ Thursday …**(f)**

⑥ Friday …**(b)**

⑦ Saturday …**(c)**

英検5級レベル

数の数え方(Numbers)

数に関連したイラストです。

●図にちらばっている文字を全部使うと、3つの数字が作れます。それらを合計すると、つぎのどれになるでしょうか。

【答えは42ページ】

ア　16 (sixteen)

イ　18 (eighteen)

ウ　20 (twenty)

ハスピトゥル
hospital
病院

アキラ君の通った道は右のとおり。

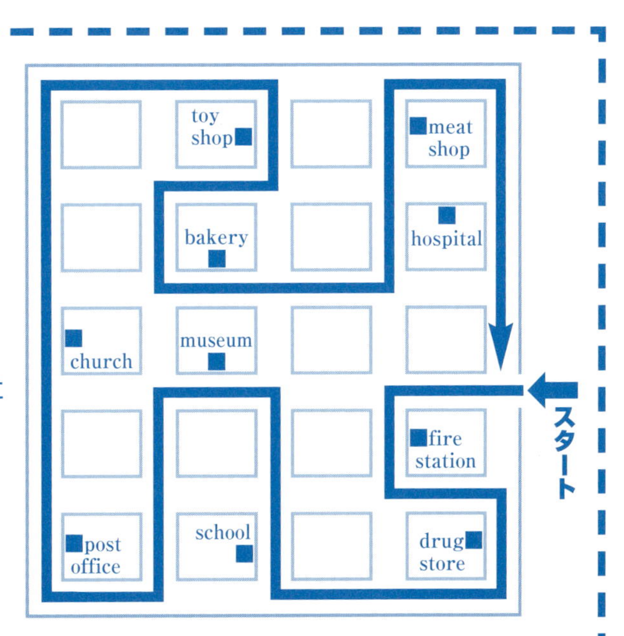

絵で見る英単語⑦

いろいろな食べ物です。

sandwich サン(ドゥ)ウィチ  サンドイッチ	steak ステイク  ステーキ	hamburger ハァンバ〜ガ  ハンバーガー
tea ティー   茶、紅茶	soup スープ  スープ	omelet アムレット  オムレツ
juice ヂュース  ジュース	beer ビア  ビール	cheese チーズ チーズ
toast トウスト  トースト	cereal スィーリアル  シリアル	salad サラド  サラダ
pancake パァンケイク  パンケーキ	beef stew ビーフ ステュー  ビーフシチュー	short cake ショート ケイク  ショートケーキ

●前のページの食べ物を表す15の単語のうち、13の単語を下のマス目に↓→の方向にあてはめてパズルを完成させてください。ただし、2単語で表されるものも続けてマスに入れてください。
パズルが解けたら、マス目に入らなかった2つの食べ物を答えてください。また、2重マスに入る6つの文字を組み合わせてできる食べ物は何でしょう？ 【答えは42ページ】

A16 答え

① south ② west ③ tomorrow
④ minus ⑤ lose ⑥ floor

ア

右のようにtwo、five、nineの3つの数字が作れますから、2+5+9=16です。

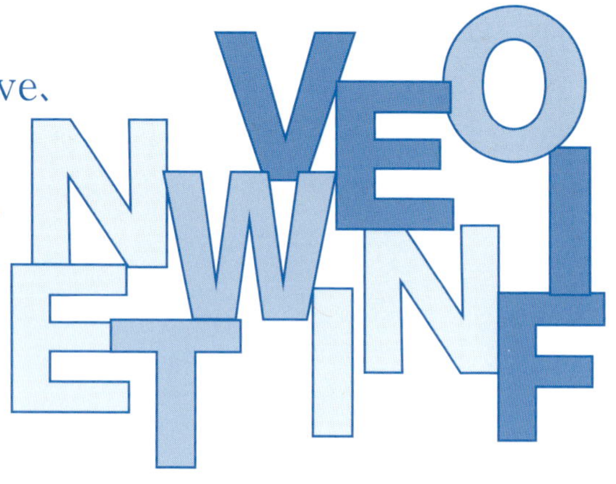

マス目に入らなかった食べ物
soup（スープ）と
juice（ジュース）

2重マスの文字を組み合わせてできる食べ物
ハット ドーグ
hot dog
（ホットドッグ）

	C									
	H	A	M	B	U	R	G	E	R	
	E			E						
	E			E			S		T	
	S	H	O	R	T	C	A	K	E	
	E						N		A	
		C			S		D			
B	E	E	F	S	T	E	W			O
		R			E		I			M
		E		P	A	N	C	A	K	E
		A			K		H			L
S	A	L	A	D						E
						T	O	A	S	T

PART 2

2

HAND
FLAG
KEY
JAM
LEAF
ICECREAM
CAR
EGG
GUM
APPLE
DOG
BUTTER

いろいろな音と鳴き声

それぞれの吹きだしに当てはまる音や鳴き声は何でしょう？ 下の(　)の中から選んでください。 【答えは46ページ】

(
バー BAA メー
イーク EEK キャー
リング RING リーン
ズー ZZZ グーグー
クロウク CROAK ケロケロ
マンチ MUNCH ムシャムシャ
シー SHHH シーッ
バウワウ BOWWOW ワンワン
スプラッシ SPLASH ポチャン
スクウィーク SQUEAK チューチュー
)

③

④

⑤
オウ
Oh !

このような鳴き声や音になります。

③
リング
RING
リーン
ズー
ZZZ
グーグー

④
クロウク
CROAK
ケロケロ
スプラッシ
SPLASH
ポチャン

⑤
オウ
Oh !
ああ
マンチ
MUNCH
ムシャムシャ
バー
BAA
メー

絵（え）で見（み）る英単語（えいたんご）⑧

いろいろな家具（かぐ）を集（あつ）めました。

desk デスク  机（つくえ）	chair チェア  いす	mirror ミラァ  鏡（かがみ）
bookshelf ブックシェルフ  本棚（ほんだな）	cabinet キャビネット  飾り戸棚（かざりとだな）	fireplace ファイアプレイス  だんろ
armchair アームチェア  ひじかけいす	stool ストゥール 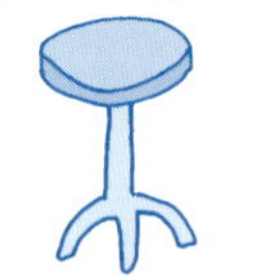 腰（こし）かけ、ストール	cradle クレイドル  ゆりかご
bureau ビューロウ  整理（せいり）だんす	drawer ドゥローア  引（ひ）き出（だ）し	carpet カーペット 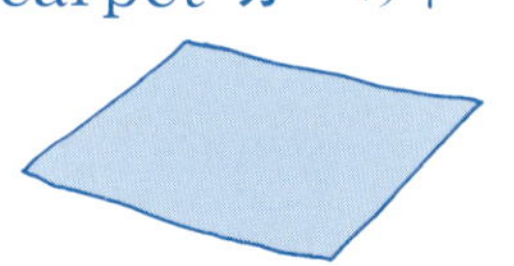 じゅうたん、カーペット
lamp ランプ  電気（でんき）スタンド	sofa ソウファ 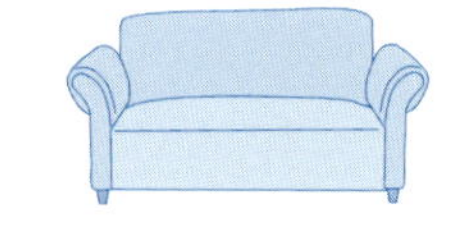 ソファー	wardrobe ウォードローブ 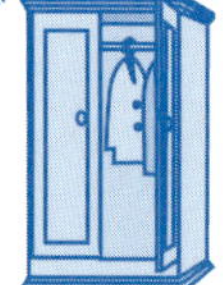 洋服（ようふく）だんす

● 左のページの15の単語をパズル面からさがし出して、Q10と同じ要領で一つずつブロック分けしてください。単語はすべてタテ・ヨコにつながっています。
全部のブロック分けが終わったら、マス目に残る5個の文字を組み合わせてできる、家具の名前を答えてください。

【答えは51ページ】

					A					
				M	R	L				
			H	C	E	O	F			
		F	A	I	R	O	I	R		
	E	L	C	A	S	T	A	E	P	
S	H	M	P	B	I	N	E	R	L	A
K	L	A	A	F	O	U	T	I	C	C
O	M	I	R	T	S	A	E	A	H	E
O	B	C	R				R	L	E	T
E	A	R	O				U	R	P	D
B	D	B	R				B	A	S	E
O	L	E	W				D	C	K	R
R	D	R	A				R	A	W	E

英検4級レベル

絵で見る英単語⑨

家にあるいろいろな電気製品です。

television テレヴィジョン  テレビ	dishwasher ディッシワッシャ 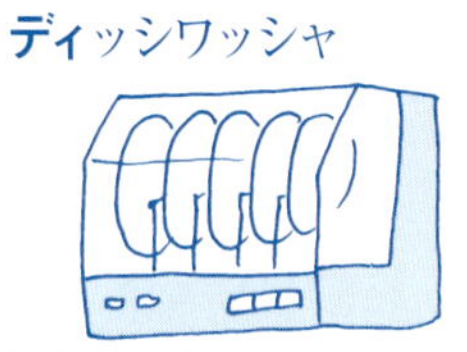 皿洗い機	drier ドゥライア 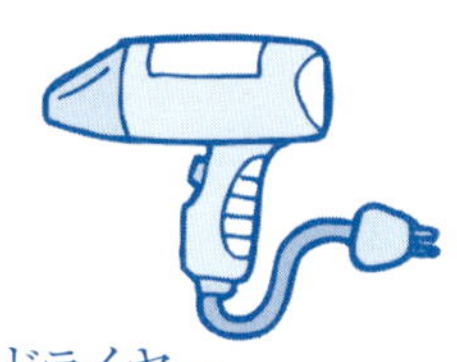 ドライヤー
vacuum cleaner ヴァキュウム クリーナァ  電気掃除機	desk lamp デスク ランプ  電気スタンド	refrigerator リフリヂュレイタァ 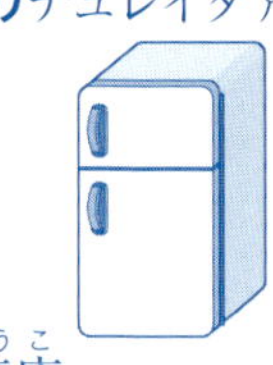 冷蔵庫
flashlight フラァシライト  懐中電灯	washing machine ワッシング マシーン  電気洗濯機	videotape recorder ヴィデオウテイプ リコーダァ  ビデオレコーダー
fax ファクス  ファックス	portable telephone ポータブル テレフォウン  携帯電話	microwave oven マイクロウウェイヴ アヴン  電子レンジ

●①〜③は何という器具かな？　英語で答えて。　【答えは53ページ】

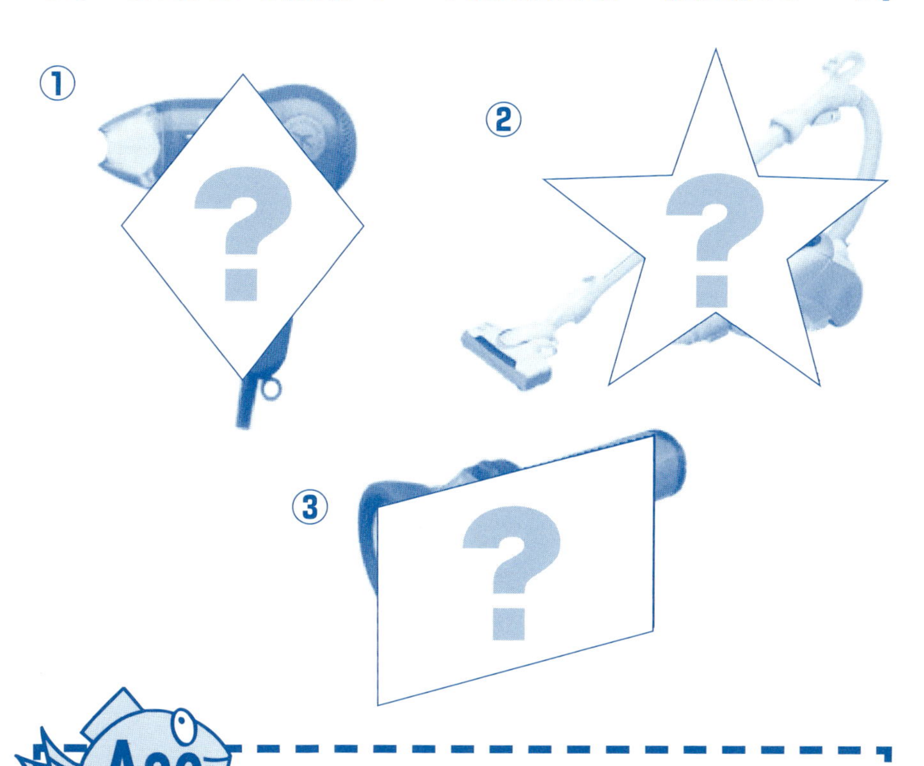

A20 答え

TABLE

（テイブル）

テーブル

					A					
				M	R	L				
			H	C	E	O	F			
		F	A	I	R	O	I	R		
	E	L	C	A	S	T	A	E	P	
S	H	M	P	B	I	N	E	R	L	A
K	L	A	A	F	O	U	T	I	C	C
O	M	I	R	T	S	A	E	A	H	E
O	B	C	R				R	L	E	T
E	A	R	O				U	R	P	D
B	D	B	R				B	A	S	E
O	L	E	W				D	C	K	R
R	D	R	A				R	A	W	E

英検4級レベル

シークワーズ③

いろいろな台所用品を集めました。リストにある単語をパズルの中からさがし出してください。リストの単語は、タテ、ヨコ、ナナメの一直線につながっています。全部見つけ出したら、マス目に残る文字を組み合わせてできる台所用品は、次のうちどれでしょう。 【答えは55ページ】

ア kettle（ケトゥル）やかん

イ colander（カランダ）ざる

ウ cutting board（カティング ボード）まな板

リスト

blender（ブレンダァ）ミキサー
bowl（ボウル）ボール、どんぶり
chopsticks（チャプスティックス）はし
corkscrew（コークスクルー）栓抜き
cup（カップ）カップ、ちゃわん
dish（ディッシ）皿、料理
fork（フォーク）フォーク
frying pan（フライイング パァン）フライパン
grid（グリッド）焼き網
juicer（ヂューサ）ジューサー
kitchen towel（キチンタウエル）ふきん
knife（ナイフ）ナイフ
ladle（レイドル）たましゃくし
oven（アヴン）オーブン、天火
plate（プレイト）皿
pot（パット）ポット
rice cooker（ライス クッカ）炊飯器
saucer（ソーサ）受け皿、ソーサー
sieve（スィヴ）茶こし
sink（スィンク）流し台
spoon（スプーン）スプーン
stove（ストウヴ）こんろ、レンジ
whisk（ウィスク）泡だて器

E	L	C	B	L	E	N	D	E	R
T	E	O	S	I	N	K	N	N	I
A	W	F	L	E	L	D	A	L	C
L	O	E	I	E	A	O	P	D	E
P	T	R	R	N	V	V	G	W	C
O	N	E	N	C	K	E	N	H	O
R	E	C	O	G	S	N	I	I	O
E	H	I	O	R	D	K	Y	S	K
C	C	U	P	I	F	O	R	K	E
U	T	J	S	D	E	T	F	O	R
A	I	H	R	E	V	O	T	S	C
S	K	C	I	T	S	P	O	H	C

① drier（ドライヤー）

② vacuum cleaner（電気掃除機）

③ flashlight（懐中電灯）

絵で見る英単語⑩

家の仕事に使う道具です。

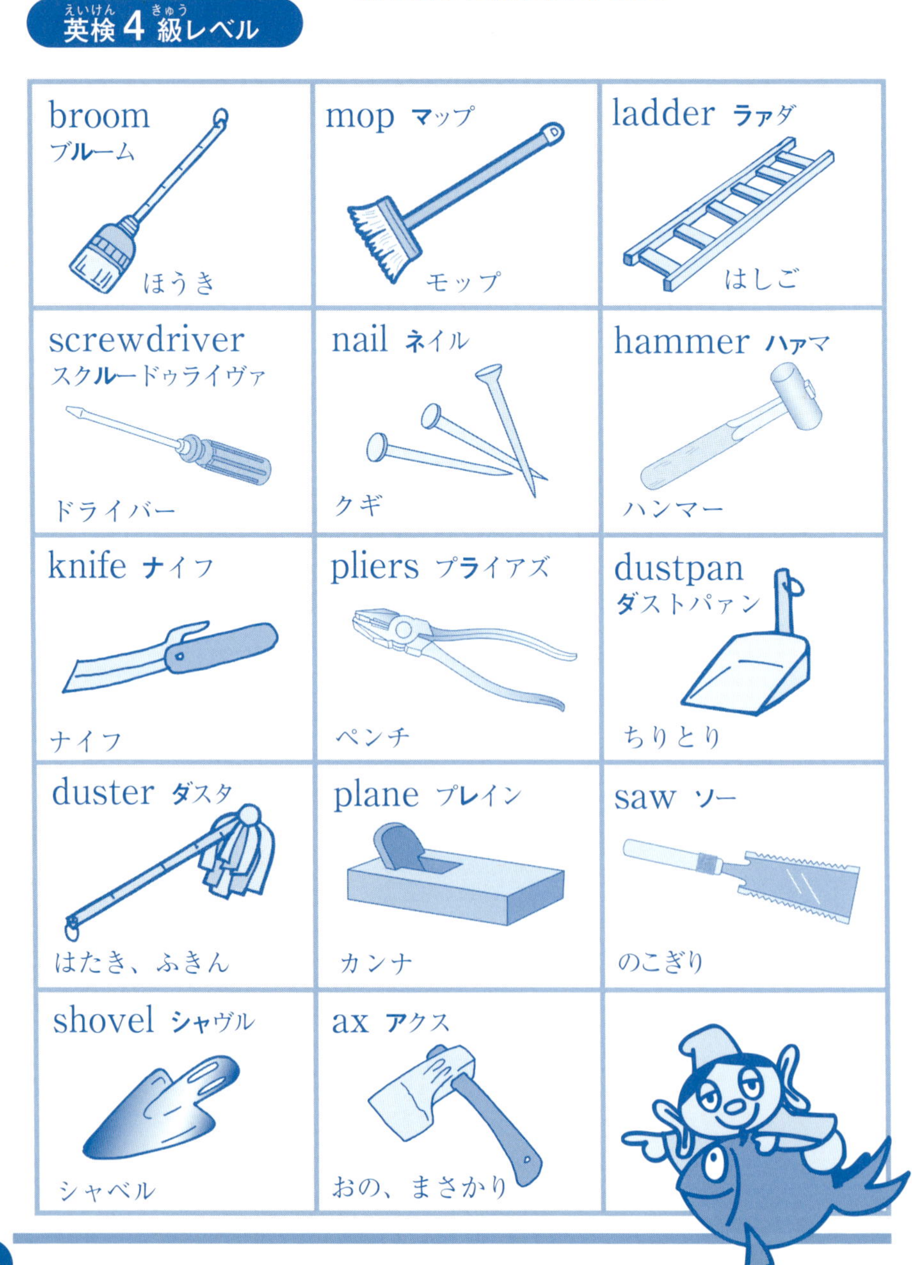

broom ブルーム ほうき	mop マップ モップ	ladder ラァダ はしご
screwdriver スクルードゥライヴァ ドライバー	nail ネイル クギ	hammer ハァマ ハンマー
knife ナイフ ナイフ	pliers プライアズ ペンチ	dustpan ダストパァン ちりとり
duster ダスタ はたき、ふきん	plane プレイン カンナ	saw ソー のこぎり
shovel シャヴル シャベル	ax アクス おの、まさかり	

●前のページにある14の単語を下のマス目に↓→の方向にあてはめてパズルを完成させてください。
パズルを解いたあと、二重のマスに入る6つの文字を組み合わせてできる道具を答えてください。　【答えは59ページ】

イ

colander
（カランダ）
ざる

E	L	C	B	L	E	N	D	E	R
T	E	O	S	I	N	K	N	N	I
A	W	F	L	E	L	D	A	L	C
L	O	E	I	E	A	O	P	D	E
P	T	R	R	N	V	V	G	W	C
O	N	E	N	C	K	E	N	H	O
R	E	C	O	G	S	N	I	I	O
E	H	I	O	R	D	K	Y	S	K
C	C	U	P	I	F	O	R	K	E
U	T	J	S	D	E	T	F	O	R
A	I	H	R	E	V	O	T	S	C
S	K	C	I	T	S	P	O	H	C

英検4級レベル

季節と月(Season & Months)

シーズン アンド マンスス

よく知っている季節と月です。

スプリング

spring

春

マーチ	エイプリル	メイ
March	April	May
3月	4月	5月

サマァ

summer

夏

ヂューン	ヂュライ	オーガスト
June	July	August
6月	7月	8月

フォール

fall

秋

セプテンバ	オクトウバ	ノウヴェンバ
September	October	November
9月	10月	11月

ウィンタァ

winter

冬

ディセンバ	ヂャニュエリ	フェブルエリ
December	January	February
12月	1月	2月

●1年の行事や祝日についての問題です。①～⑤の日は何月に行われるでしょう。左側の月と線で結んでください。線で結んだら、線にかかった文字を上から順にならべてできる単語を答えてください。

【答えは62ページ】

【A】1月～6月

① The Doll Festival（ひな祭り）

② Children's Day（子どもの日）

③ Valentine's Day（バレンタインデー）

④ New Year's Day（元旦）

⑤ Father's Day（父の日）

B J F A P T A Y S N

- May
- January
- April
- March
- February
- June

【B】7月～12月

① The Star Festival（七夕）

② Christmas Day（クリスマス）

③ Health-Sports Day（体育の日）

④ Respect-for-the-Aged Day（敬老の日）

⑤ Culture Day（文化の日）

E V R B A E S N T C

- December
- July
- September
- November
- August
- October

誕生日は いつ？

全員が自分の誕生日を正しく英語で表しているのは、アミダのあいている部分にA～Cのどれをあてはめたときでしょうか？ 【答えは71ページ】

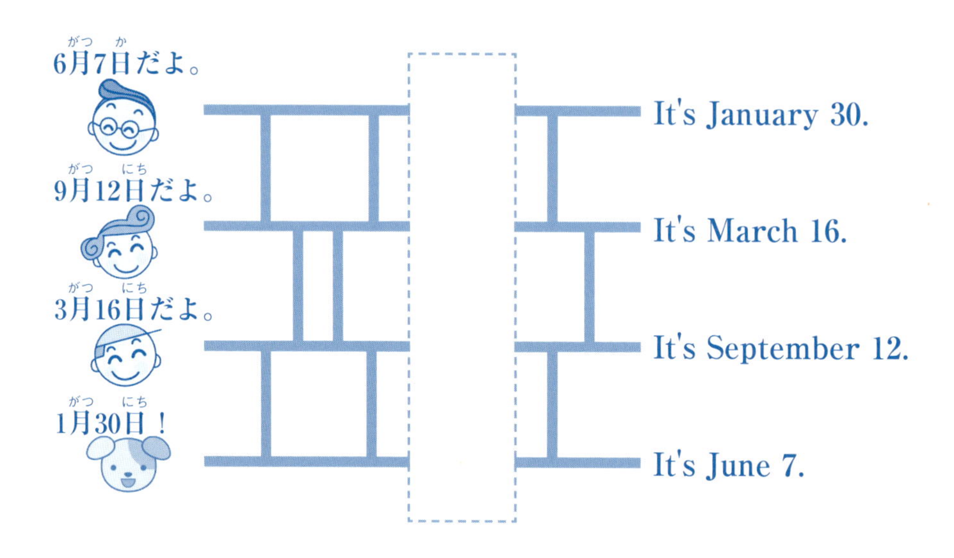

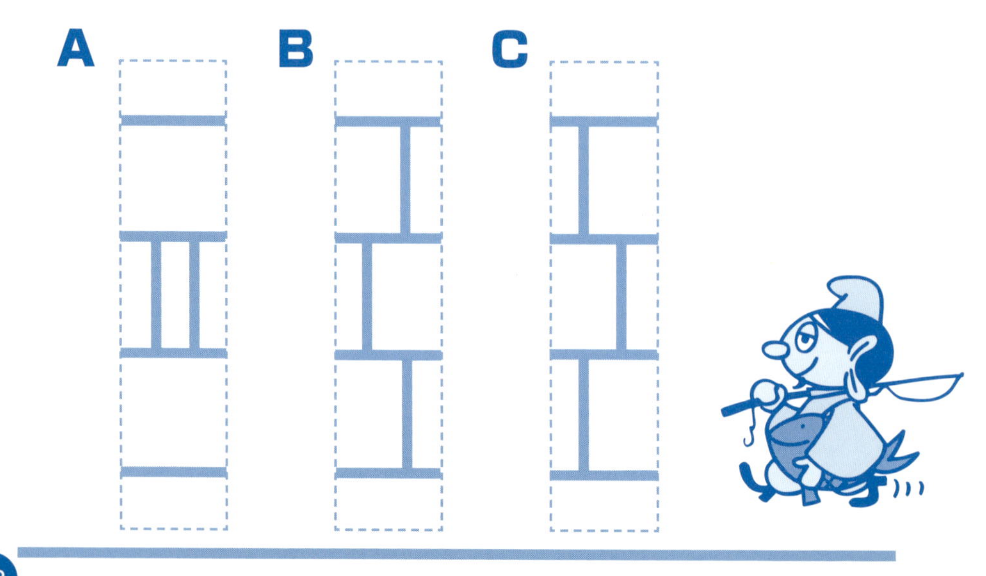

BUCKET（バケット）バケツ

	P			S	H	O	V	E	L		
	L			C					A	X	
	A			R			D		D		
K	N	I	F	E			U		D		
	E			W			S		E		
				D	U	S	T	E	R		
				R			P				B
	N			I		H	A	M	M	E	R
S	A	W		V			N		O		O
	I			E					P		O
P	L	I	E	R	S						M

英検4級レベル

絵で見る英単語⑪

上手に演奏できるといいね。

●どちらも8つの楽器が描かれているけれど、**A**と**B**では楽器の種類が1つちがっているよ。**B**では、**A**のどの楽器が何の楽器に変わっているか、わかりますか。

【答えは63ページ】

A

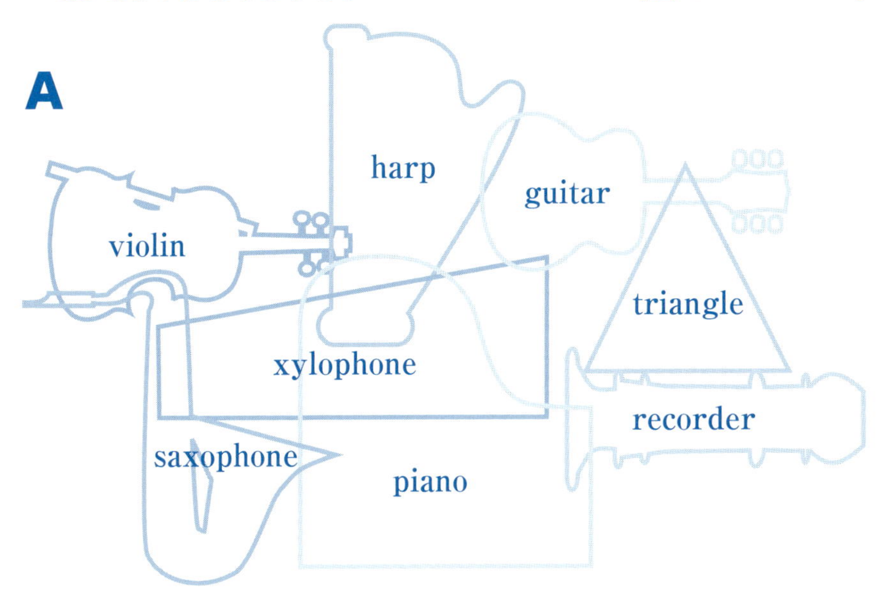

B

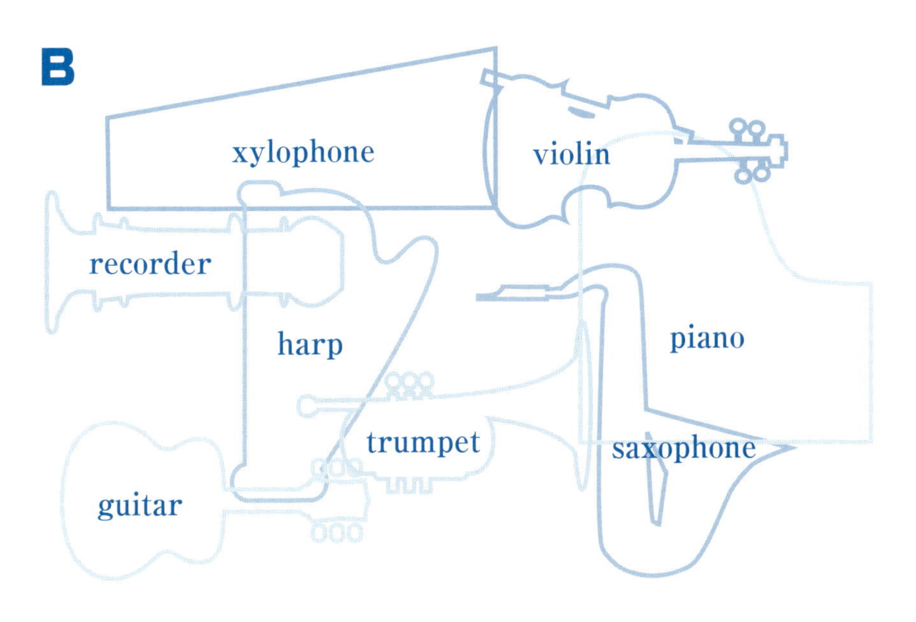

【A】JAPAN（ヂャパン）日本

【B】EVENT（イヴェント）行事

【A】1月～6月

① ザ ダル フェスティヴル
The Doll Festival
（ひな祭り）

② チルドゥレンズ デイ
Children's Day
（子どもの日）

③ ヴァレンタインズ デイ
Valentine's Day
（バレンタインデー）

④ ニュー イアズ デイ
New Year's Day
（元旦）

⑤ ファーザズ デイ
Father's Day
（父の日）

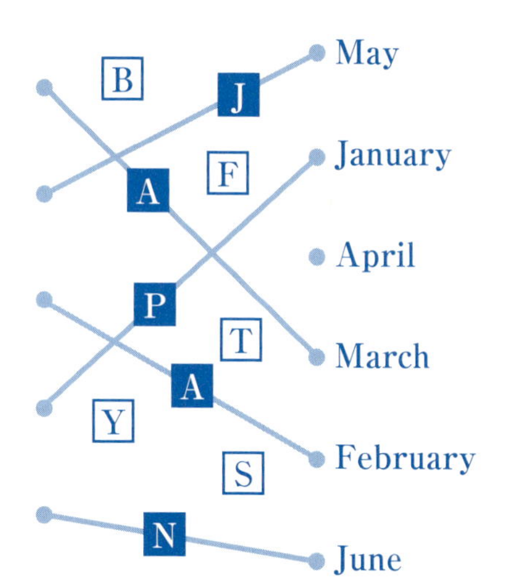

【B】7月～12月

① ザ スター フェスティヴル
The Star Festival
（七夕）

② クリスマス デイ
Christmas Day
（クリスマス）

③ ヘルス スポーツ デイ
Health-Sports Day
（体育の日）

④ リスペクト ファ ズィ エイヂェドゥ デイ
Respect-for-the-Aged Day
（敬老の日）

⑤ カルチャ デイ
Culture Day
（文化の日）

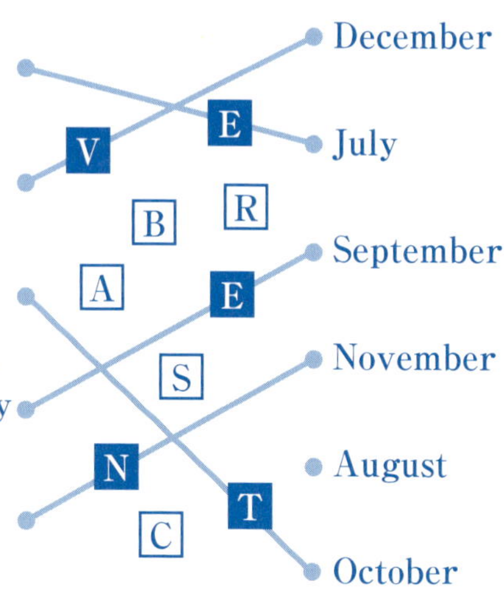

Bのイラストでは、triangle（トライアングル）がなくなって、
trumpet（トランペット）がふえています。

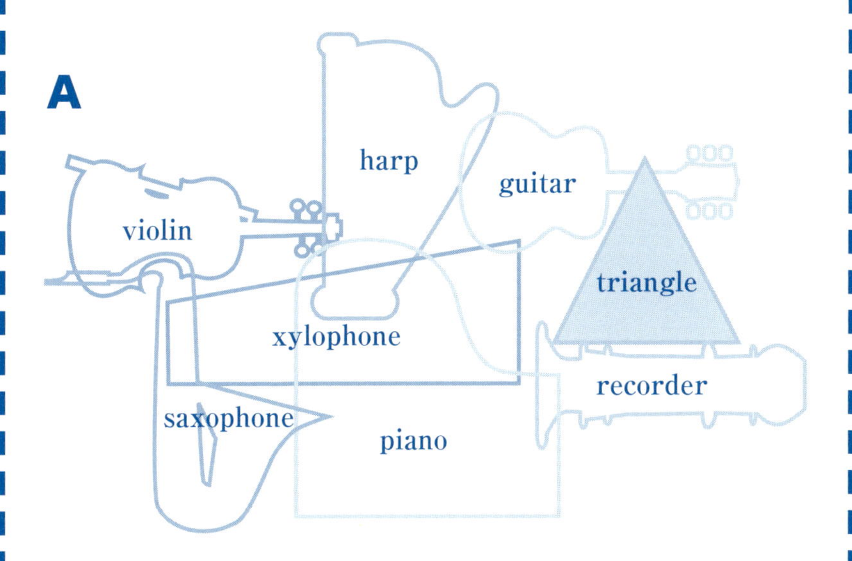

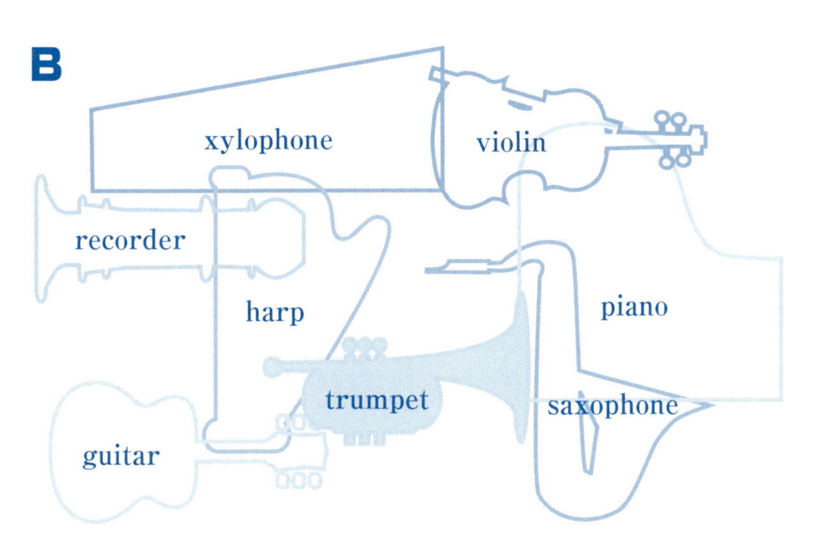

英検4級レベル

絵で見る英単語⑫

人の動きや状態を表す単語（動詞）を集めました。

キャンアイユーズズィスペン
Can I use this pen ?
このペンを使ってもいいですか。

オウケイ
OK.
いいですよ。

ウィーユージュアリウォークトゥスクール
We usually walk to school.
私たちは、たいてい歩いて学校に行きます。

●次の①～⑤のマス目には、左のページの動詞のどれかが入ります。下の図にちらばっている文字を使って、マス目に当てはまる5つの動詞を作って入れてください。

【答えは67ページ】

① □□□□ for（さがす）

② □□□□ true（実現する）

③ □□□□ a cold（風邪をひく）

④ □□□ up（起きる）

⑤ □□ to bed（寝る）

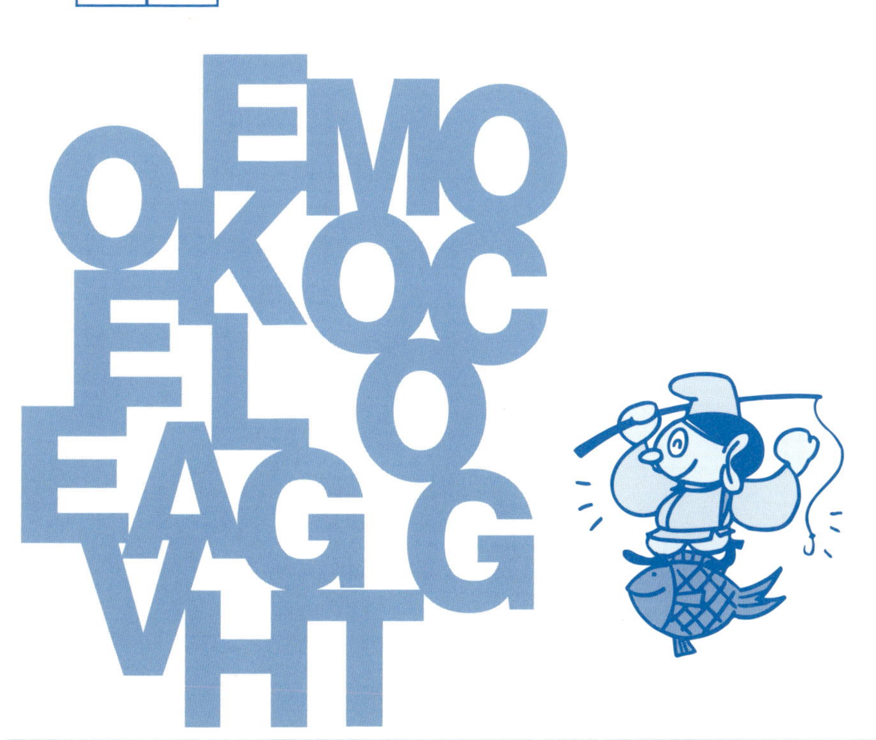

出身はどこですか？

全員が自分の出身地を正しく英語で表しているのは、真ん中のあいている部分にA～Cのどれをあてはめたときでしょうか？

【答えは68ページ】

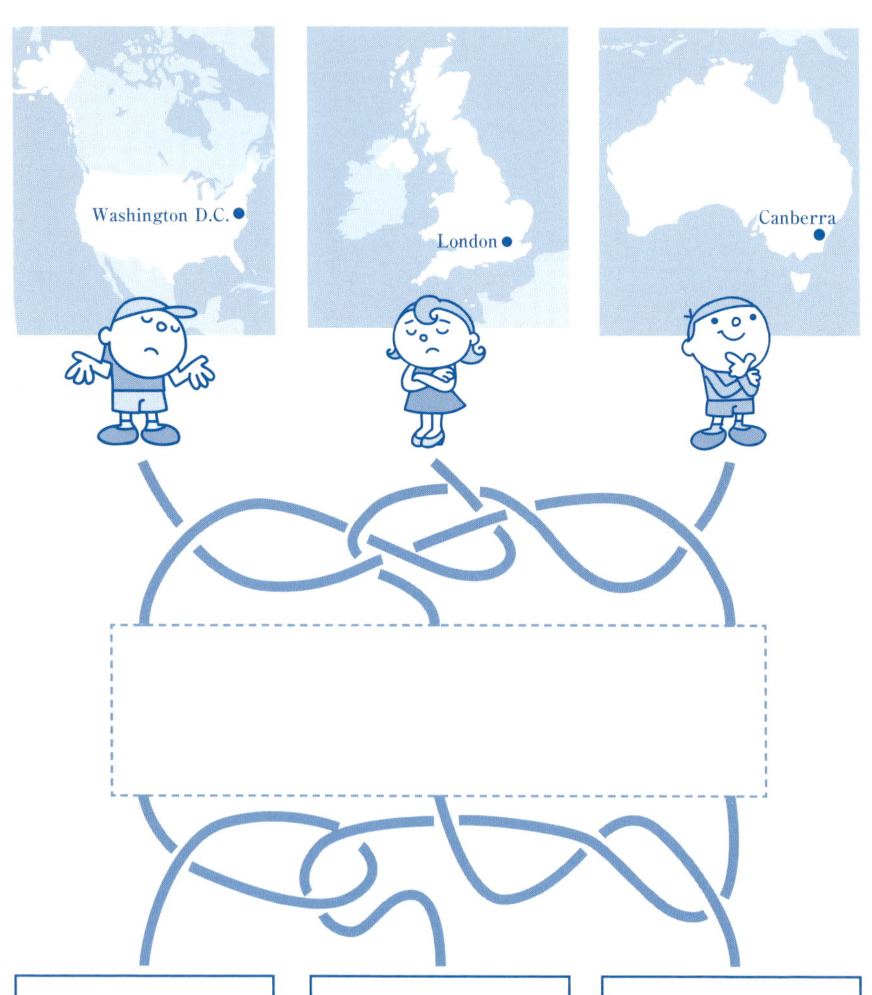

A

B

C

右は文字の組み合わせの一例です。

① **look** for（さがす）

② **come** true（実現する）

③ **have** a cold（風邪をひく）

④ **get** up（起きる）

⑤ **go** to bed（寝る）

C

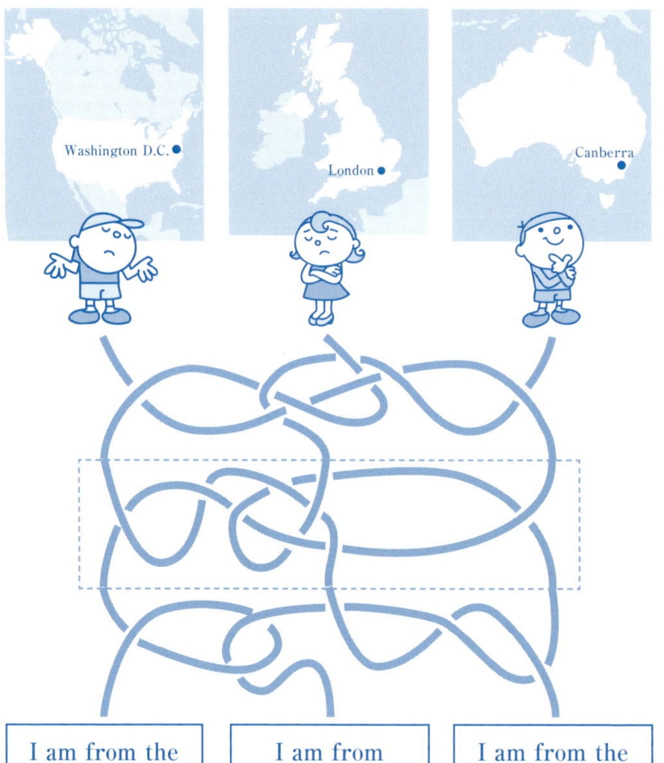

I am from the United States.

I am from Australia.

I am from the United Kingdom.

ザ ユナイティド ステイツ
the United States (of America)
アメリカ合衆国

ザ ユナイティド キングダム
the United Kingdom
イギリス

オーストゥレイリャ
Australia
オーストラリア

英検4級レベル

誕生日おめでとう

友だちと誕生日をお祝いしましょう。
そして、次のページの問題をやってみてね。

ハピィ バ〜スデイ、ケイコ！
Happy birthday, Keiko!
恵子、誕生日おめでとう！

サンキュー カム イン
Thank you. Come in.
ありがとう。さあ、入って。

ズィス イズ ア プレズント フォ ユー
This is a present for you.
これは あなたへのプレゼントよ。

ズィス イズ フロム ミー
This is from me.
これは ぼくから。

サンキュ ヴェリィ マッチ
Thank you very much.
どうもありがとう。

メイ アイ オウプニット
May I open it?
開けていい？

シュア
Sure.
どうぞ。

オウ イッツ ワンダフォウ
Oh, it's wonderful.
わあ、すてき！

バ〜スデイ birthday 誕生日	プレズント present 贈り物、プレゼント	オウプン open 開ける
ズィス イズ This is 〜 これは〜です	メイ アイ May I 〜 〜してもいいですか？	ワンダフォウ wonderful すばらしい、不思議な

仲良し5人が集まって、恵子さんの誕生日のパーティーが開かれました。テーブルには、お菓子や飲み物が並べられているよ。
ケーキ、クッキー、サイダー、ピザ、サンドイッチの5つを1人分として、右ページの例のように、うまく5人に公平にブロック分けしてください。
ただし、1つのブロックは必ずタテかヨコにつながっていなくてはいけません。 【答えは75ページ】

ケイク **cake** （ケーキ）	クキィ **cookie** （クッキー）	ソウダ パップ **soda pop** （サイダー）	ピーツァ **pizza** （ピザ）	サン(ド)ウィッチ **sandwich** （サンドイッチ）

例（れい）

5人（にん）に公平（こうへい）にブロック分（わ）けする。

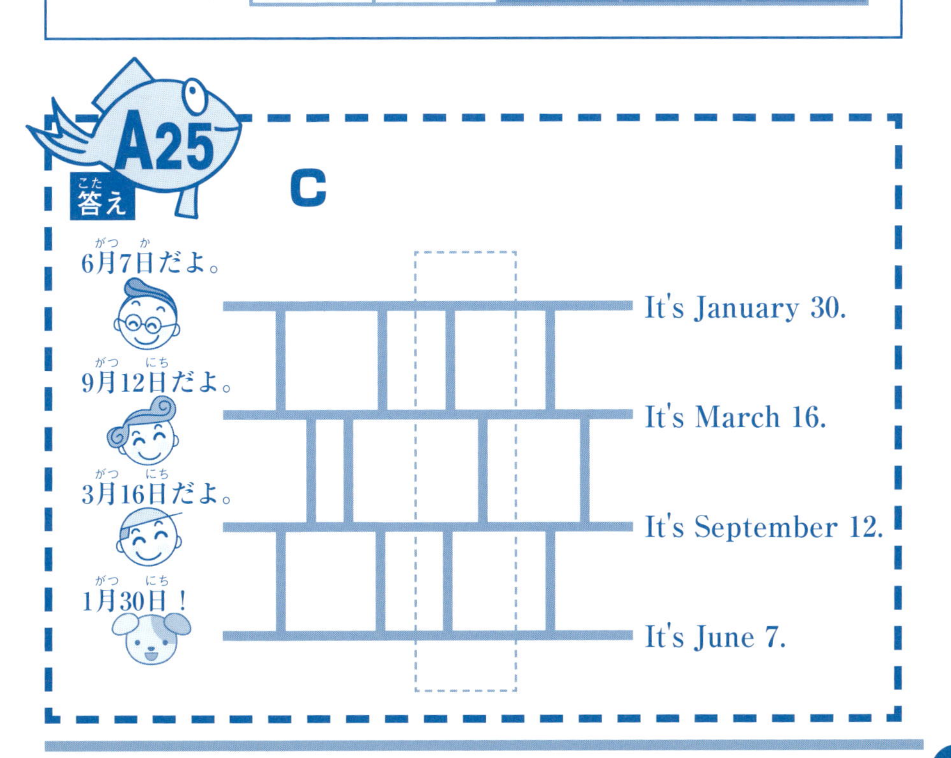
A25

答（こた）え　C

6月（がつ）7日（か）だよ。

9月（がつ）12日（にち）だよ。

3月（がつ）16日（にち）だよ。

1月（がつ）30日（にち）！

It's January 30.

It's March 16.

It's September 12.

It's June 7.

英検4級レベル

絵で見る英単語⑬

いろいろな花の名前です。

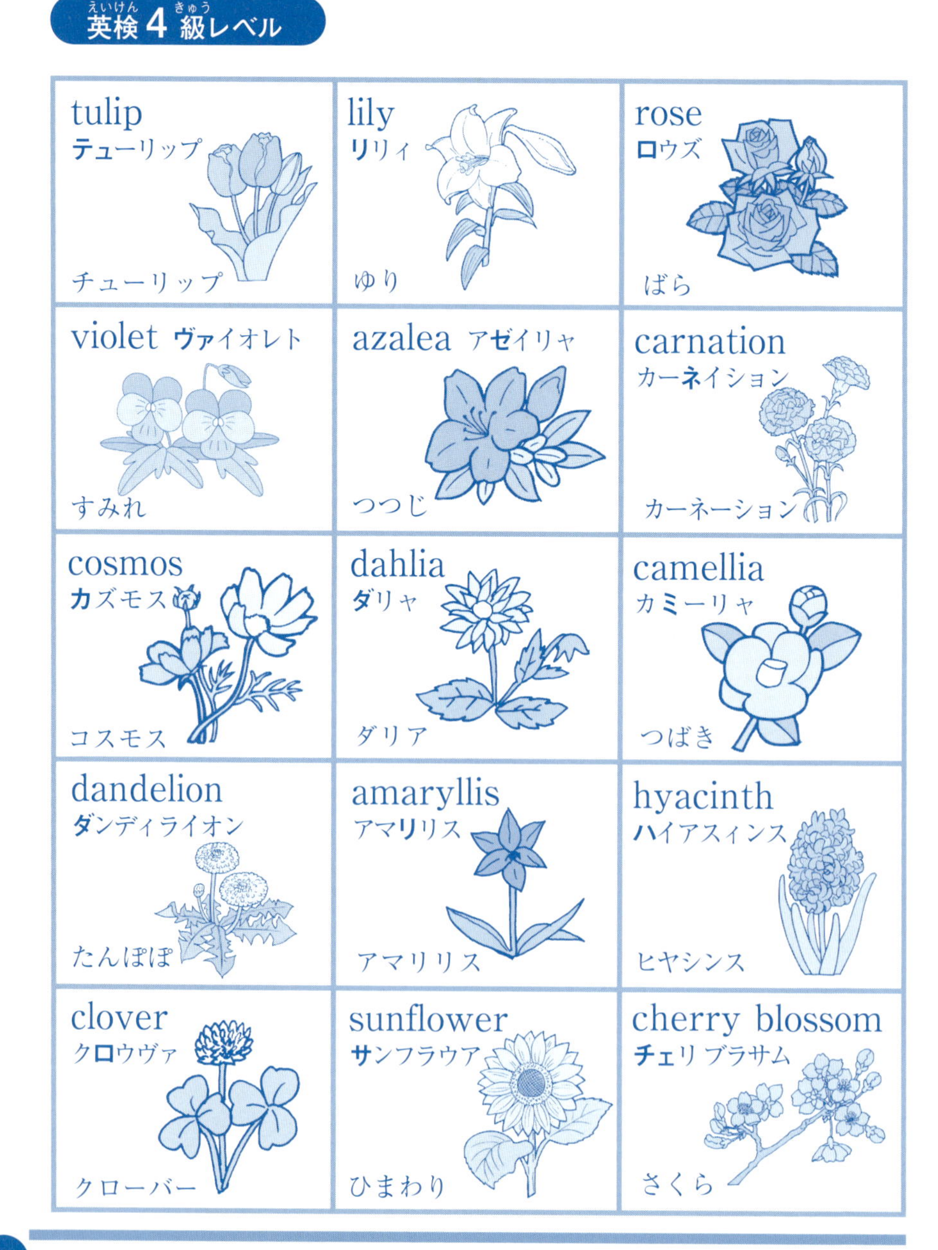

●庭に①スミレ（VIOLET）と②バラ（ROSE）が咲き乱れています。でもよく見るとぜんぜん関係のないものが2つずつまぎれこんでいるよ。それを見つけてください。　【答えは77ページ】

① VIOLET

V I O L E T V I O L E T V I O L E T V I O L
E T V I O L E T V I O L E T V I O L E T V I
O L E T V I O L E T V I O L E T V I O L E T
V I O L E T T O I L E T V I O L E T V I O L
E T V I O L E T V I O L E T V I O L E T V I
O L E T V I O L E T V I O L E T V I O L E T
V I O L E T V I O L E T V I O L E T V I O L
E T V I O L E T V I O L E T V I O L E T V I
O L E T V I O L E T V I O L E T V I O L E T
V I O L E T V I O L E T V I O L E T V I O L
E T V I O L E T V I O L E T V I O L E T V I
O L E T V I O L E T V I O L E T V I O L E T
V I O L E T V I O L E T V I O L E T V I O L
E T V I O L E T V I O L E T V I O L I N V I
O L E T V I O L E T V I O L E T V I O L E T

②バラ（ROSE）の問題は次のページにあります。

② ROSE

R O S E R O S E R O S E R O S E R O S E R O

S E R O S E R O S E R O S E R O S E R O S E

R O S E R O S E R O S E R O S E R O S E R O

S E R O S E R O S E R O S E R O S E R O S E

R O S E R O S E R O S E P O S T R O S E R O

S E R O S E R O S E R O S E R O S E R O S E

R O S E R O S E R O S E R O S E R O S E R O

S E R O S E R O S E R O S E R O S E R O S E

R O S E R O S E R O S E R O S E R O S E R O

S E R O S E R O S E R O S E R O S E R O S E

R O S E R O S E R O S E R O S E R O S E R O

S E R I C E R O S E R O S E R O S E R O S E

R O S E R O S E R O S E R O S E R O S E R O

S E R O S E R O S E R O S E R O S E R O S E

R O S E R O S E R O S E R O S E R O S E R O

下のように分ければいいよ。
ほかの分けかたもあります。考えてみよう。

連想パズル①

①～⑤のイラストと関係の深いものを、
（　）の中から2つずつ選んでください。

【答えは79ページ】

（ airplane　broom　hat　pyramid
ship　dove　sphinx　lighthouse
crystal ball　control tower ）

① TOILET〔トイレット〕（トイレ）　VIOLIN〔ヴァイオリン〕（バイオリン）

② POST〔ポウスト〕（郵便、郵便ポスト）　RICE〔ライス〕（米、ご飯）

① VIOLET

```
V I O L E T V I O L E T V I O L E T V I O L
E T V I O L E T V I O L E T V I O L E T V I
O L E T V I O L E T V I O L E T V I O L E T
V I O L E T T O I L E T V I O L E T V I O L
E T V I O L E T V I O L E T V I O L E T V I
O L E T V I O L E T V I O L E T V I O L E T
V I O L E T V I O L E T V I O L E T V I O L
E T V I O L E T V I O L E T V I O L E T V I
O L E T V I O L E T V I O L E T V I O L E T
V I O L E T V I O L E T V I O L E T V I O L
E T V I O L E T V I O L E T V I O L E T V I
O L E T V I O L E T V I O L E T V I O L E T
V I O L E T V I O L E T V I O L E T V I O L
E T V I O L E T V I O L E T V I O L I N V I
O L E T V I O L E T V I O L E T V I O L E T
```

② ROSE

```
R O S E R O S E R O S E R O S E R O S E R O
S E R O S E R O S E R O S E R O S E R O S E
R O S E R O S E R O S E R O S E R O S E R O
S E R O S E R O S E R O S E R O S E R O S E
R O S E R O S E R O S E P O S T R O S E R O
S E R O S E R O S E R O S E R O S E R O S E
R O S E R O S E R O S E R O S E R O S E R O
S E R O S E R O S E R O S E R O S E R O S E
R O S E R O S E R O S E R O S E R O S E R O
S E R O S E R O S E R O S E R O S E R O S E
R O S E R O S E R O S E R O S E R O S E R O
S E R I C E R O S E R O S E R O S E R O S E
R O S E R O S E R O S E R O S E R O S E R O
S E R O S E R O S E R O S E R O S E R O S E
R O S E R O S E R O S E R O S E R O S E R O
```

イラストクロスワードパズル①

イラストをヒントに矢印の方向に単語を入れてクロスワードを完成させてください。最後に、二重マスのア～オに入る文字を順につないでできる単語を答えてください。

【答えは81ページ】

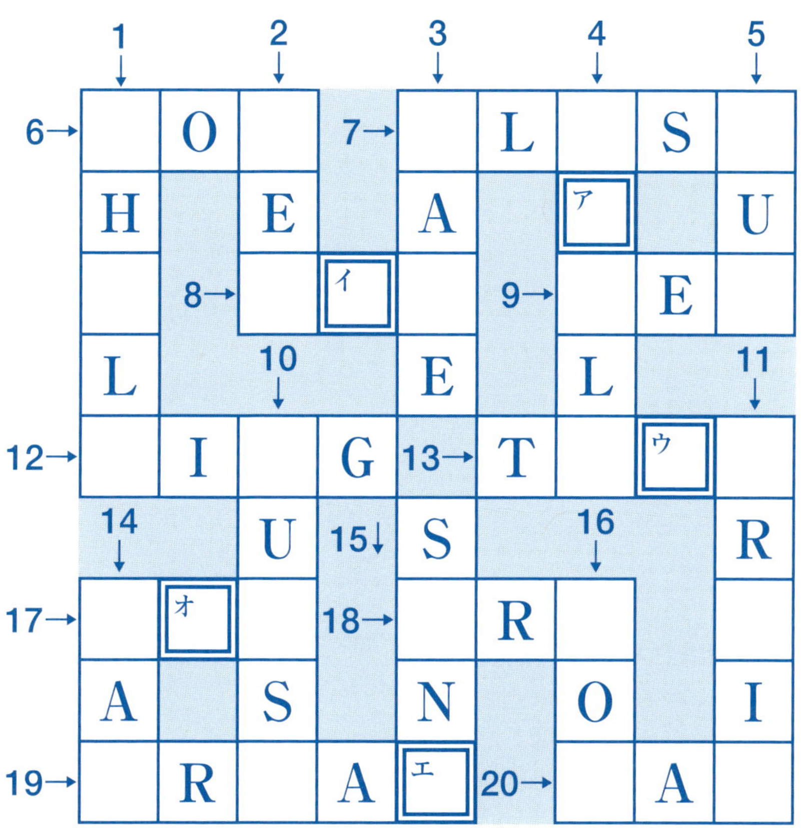

① broom（ブルーム） ほうき　crystal ball（クリストゥル ボール） 水晶球（すいしょうたま）

② hat（ハット） 帽子（ぼうし）　dove（ダヴ） ハト

③ airplane（エアプレイン） 飛行機（ひこうき）　control tower（コントゥロウル タウア） 管制塔（かんせいとう）

④ ship（シップ） 船（ふね）　lighthouse（ライトゥハウス） 灯台（とうだい）

⑤ pyramid（ピラミッド） ピラミッド　sphinx（スフィンクス） スフィンクス

これは何？

下は、1枚の写真を9つに分けてばらばらにくっつけたものです。質問に答えた英文の空らんに当てはまる単語を答えてください。

【答えは83ページ】

ワッツ　ズィス
What's this ?

イッツア
It's a [?].

これは何ですか。

それは [?] です。

ヒント：右から3文字選んで答えてね（a, b, c, d, e）

A32 答え

PANDA（パァンダ）パンダ

	1↓		2↓		3↓		4↓		5↓
6→	C	O	W	7→	G	L	A	S	S
	H		E		A		**P**		U
	A	8→	B	**A**	T	9→	P	E	N
	L		10↓		E		L		11↓
12→	K	I	N	G	13→	T	E	**N**	T
	14↓		U	15↓	S		16↓		R
17→	C	**A**	R	18→	A	R	M		A
	A		S		N		O		I
19→	B	R	E	A	**D**	20→	P	A	N

【単語の意味】

1 チョーク　2 クモの巣　3 門　4 リンゴ　5 太陽

6 雌牛　7 コップ　8 バット　9 ペン　10 看護婦(士)

11 電車　12 王様　13 テント　14 タクシー　15 砂

16 モップ　17 車　18 腕　19 パン　20 なべ

エンドレスなしりとり

英検4級レベル

イラストをヒントに、例のようにしりとりをしながら矢印の方向に進んでください。しりとりで1周できたら、二重マスの**ア**～**ケ**に入る文字を順につないでできる単語を答えてください。 【答えは84ページ】

dog → glove → eye → …

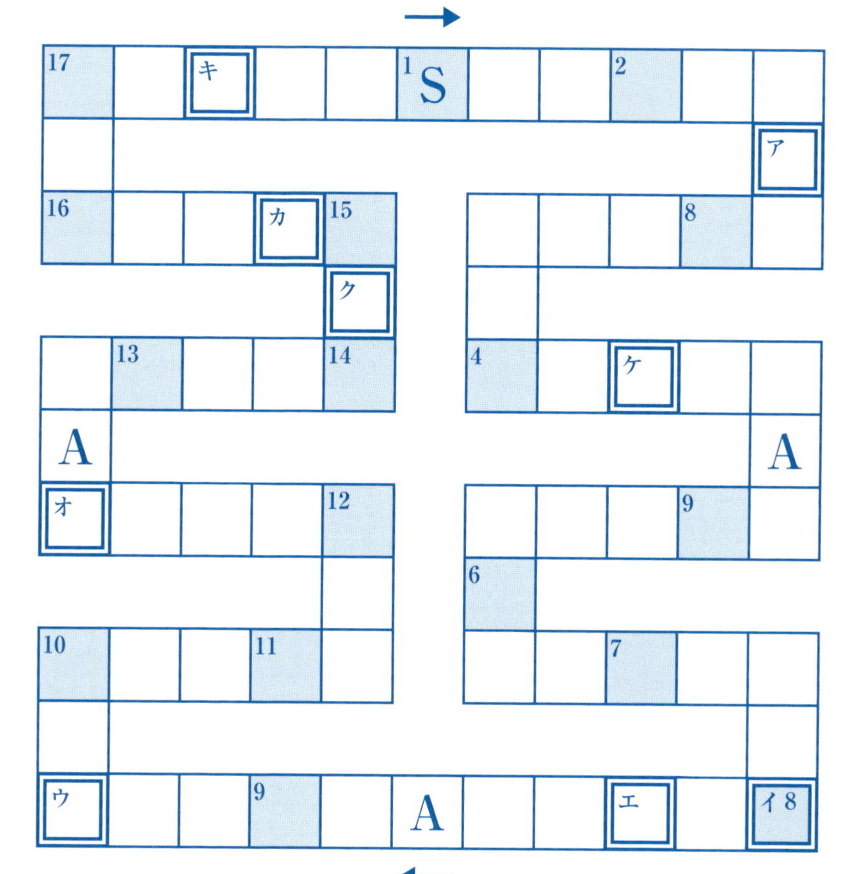

ベッド
bed

ワッツ　ズィス
What's this ?
これは何ですか。

イッツア　ベッド
It's a bed
それは、ベッドです。

アンビュランス

AMBULANCE (救急車(きゅうきゅうしゃ))

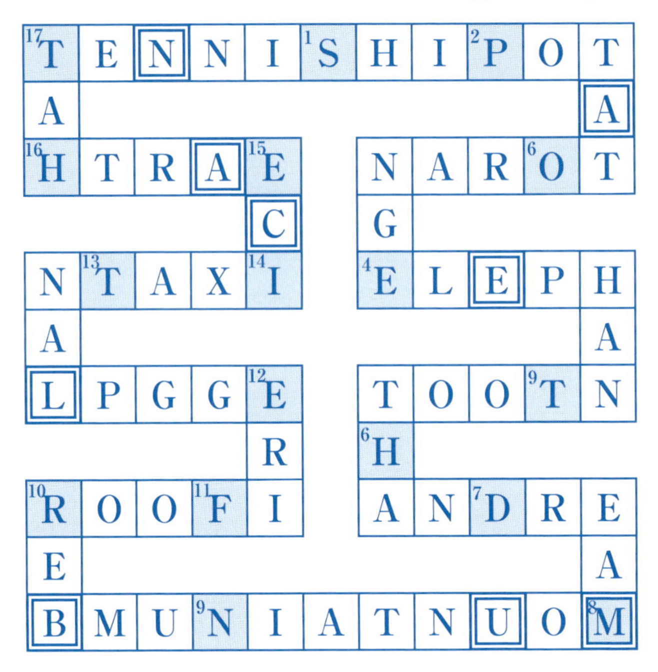

シップ	ポテイトウ	オーレンヂ	エレファント	トゥース
ship →	potato →	orange →	elephant →	tooth →
船(ふね)	ジャガイモ	オレンジ	象(ぞう)	歯(は)

ハァンド	ドゥリーム	マウンテン	ナンバ	ルーフ
hand →	dream →	mountain →	number →	roof →
手(て)	夢(ゆめ)	山(やま)	数(かず)、番号(ばんごう)	屋根(やね)

ファイア	エグプラァント	タァクスィ	アイス	ア～ス	ハァット
fire →	eggplant →	taxi →	ice →	earth →	hat
火(ひ)	ナス	タクシー	氷(こおり)	地球(ちきゅう)	帽子(ぼうし)

テニス
→ tennis → (ship)
テニス

PART 3

3
HAND
FLAG
KEY
JAM
LEAF
ICECREAM
CAR
EGG
GUM
APPLE
DOG
BUTTER

イラストクロスワードパズル②

イラストをヒントに矢印の方向に単語を入れてクロスワードを完成させてください。最後に、二重マスのア～カに入る文字を順につないでできる単語を答えてください。

【答えは89ページ】

		1↓		2↓					3↓
4→			E		S		5↓		S
		I		A	6↓	7→		O	カ
	8→		A	ウ			O		A
9↓	ア		10↓		N	11→		U	
	L	12→		L	イ	O			U
13→		W			C	14↓		15↓	
	W		U	16→			O		
17→		Y	エ			E		U	
	R		18→		R		I	オ	T

絵で見る英単語⑭

人の動きや状態を表す単語を集めました。

英検4級レベル

ドゥリンク **drink** 飲む 	イート **eat** 食べる 	メイク **make** 作る、 ～になる 
プレイ **play** 遊ぶ、 演奏する 	オウプン **open** 開く 	クロウズ **close** 閉じる 
ワッチ **watch** 見る 	トーク **talk** 話す 	ライト **write** 書く 

マイク アン（ド）バブ プレイ バァスケットボール ウェル
Mike and Bob play basketball well.
マイクとボブはバスケットボールが上手です。

レッツ スタート ザ レスン
Let's start the lesson.
授業を始めましょう。

オウプン ユア テクストブック トゥ ペイジ トゥウェンティ
Open your textbook to page 20.
教科書の20ページを開きなさい。

●①～⑤のマスに当てはまる単語を、後に続く単語をヒントにして、1文字ずつ入れてください。全部入れ終わったとき、二重マスのたてに現れる単語は何でしょうか？ 【答えは91ページ】

①				◎			TV		
②				◎			the door		
③				◎					coffee
④				◎		lunch			
⑤				◎	the piano				

フォーレスト
FOREST（森）

【単語の意味】

1 ヒップ、腰　2 耳

3 像、彫像　4 チーズ

5 池　6 ノック　7 ポット

8 公園　9 花　10 青、青い

11 木の実（どんぐり、クルミ）

12 血　13 フクロウ

14 あみ　15 バス

16 ドアノブ　17 目

18 芸術家

		1↓		2↓					3↓
4→	C	H	E	E	S	E	5↓		S
		I		A	6↓	7→	P	O	**T**
8→		P	A	**R**	K		O		A
9↓	**F**		10↓		N	11→	N	U	T
	L	12→	B	L	**O**	O	D		U
13→	O	W	L		C	14↓		15↓	E
	W		U	16→	K	N	O	B	
17→	E	Y	**E**			E		U	
	R		18→	A	R	T	I	**S**	T

英検5級レベル

これは～です(This is～)

下の**ア**～**コ**のピースを使って、右のイラストに合う英文を①と②の2つ作ってください。このとき使われずに残る2つのピースはどれとどれでしょう？

【答えは93ページ】

例 this（ズィス「これ、この人」）が近くの人やものを指す言葉であるのに対して、離れている人やものを指すときには that（ザァット「あれ、あの人」）を使います。

This is Hirosi.（こちらはヒロシさんです。）
That is my mother.（あの人はわたしの母です。）

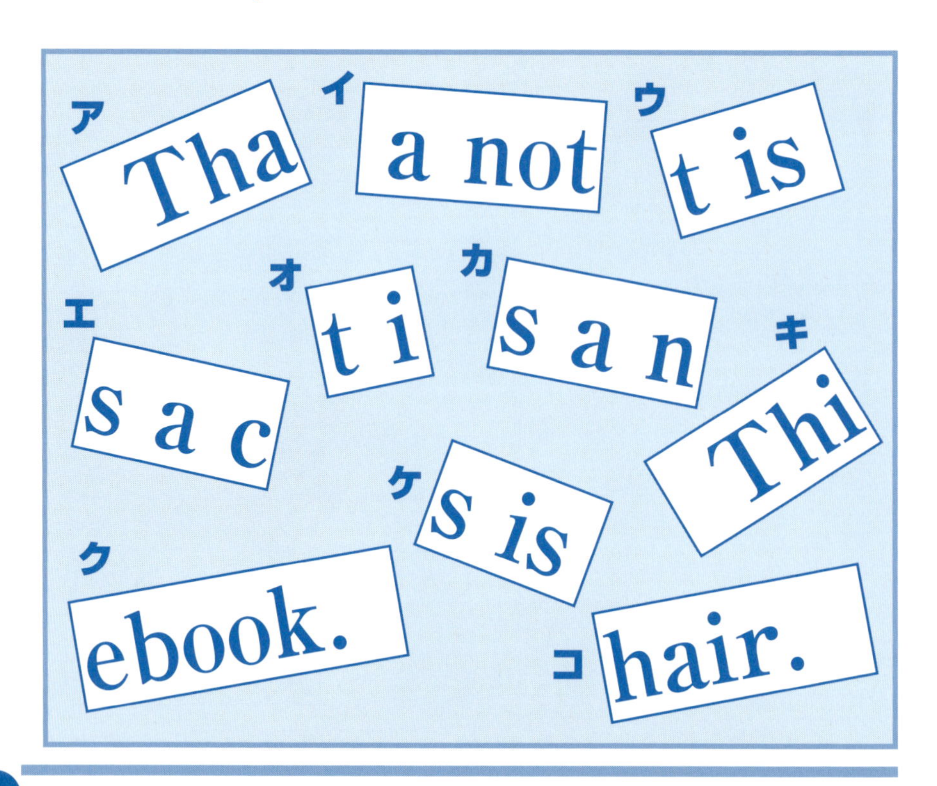

①

②

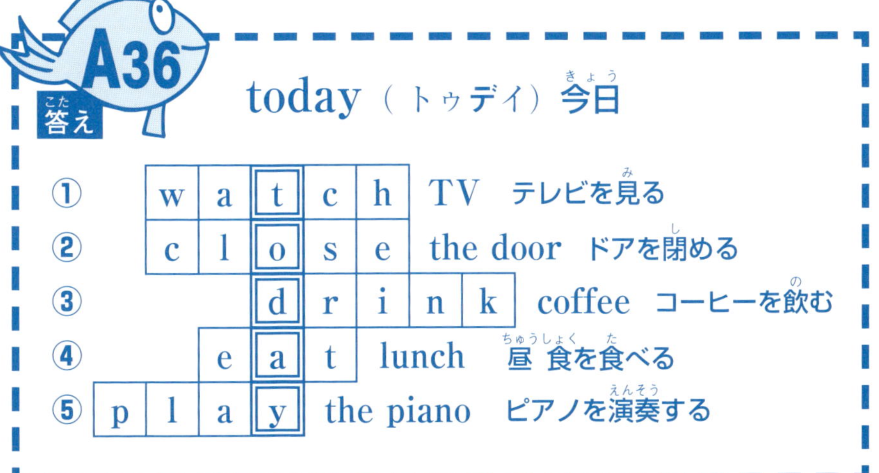

A36 答え

today（トゥデイ）今日

①		w	a	t	c	h		TV　テレビを見る
②		c	l	o	s	e		the door　ドアを閉める
③				d	r	i	n	k　coffee　コーヒーを飲む
④			e	a	t			lunch　昼食を食べる
⑤	p	l	a	y				the piano　ピアノを演奏する

これは君のかばんですか？

例を参考にして、イラストを見ながら、質問に Yes（イェス）か No（ノウ）で答えてください。選んだ答えのほうのカタカナを並べると、あるメッセージが出てくるよ。

【答えは95ページ】

例

イズ　ズィス　ユア　バァッグ
Is this your bag ?
これはあなたのかばんですか。

イェス　イット　イズ
Yes, it is.
はい、そうです。

ノウ　イット　イズント
No, it isn't.
いいえ、ちがいます。

① Is this a telephone ?

Yes → セ
No → サ

② Is this a pencil case ?

Yes → ン
No → イ

③ Is this a tomato ?

Yes → テ
No → カ

④ Is this an umbrella ?

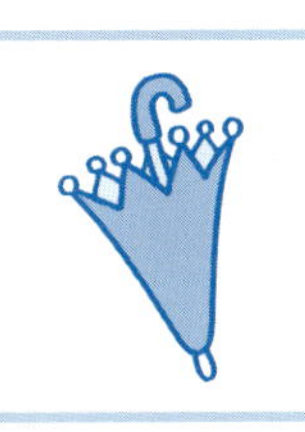

Yes → イ
No → ク

⑤ Is this a television ?

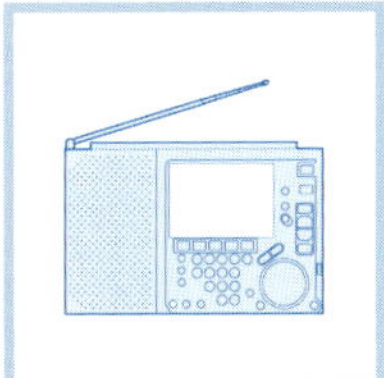

Yes → ダ
No → デ

⑥ Is this a hat ?

Yes → ス
No → ケ

ウと**カ**が残ります。

キ　ケ　イ　ク

① This is a notebook.　これはノートです。

ア　オ　エ　コ

② That is a chair.　あれはイスです。

英検4級レベル

絵で見る英単語⑮

魚や水辺の生き物を集めました。

salmon サモン  さけ	bonito ボニートウ  かつお	ray レイ 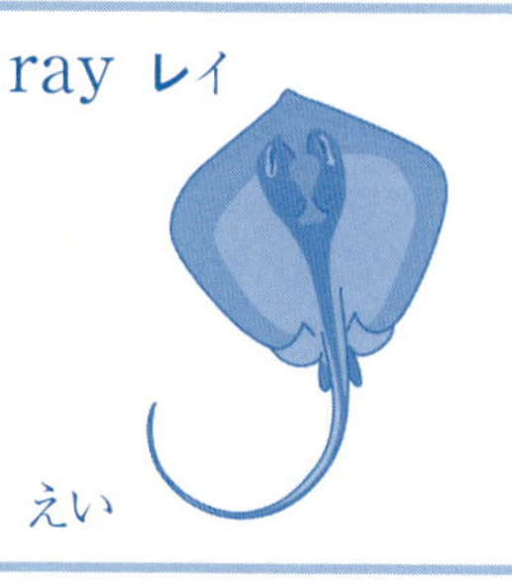 えい
shark シャーク  さめ	octopus アクトパス  たこ	squid スクウィッド 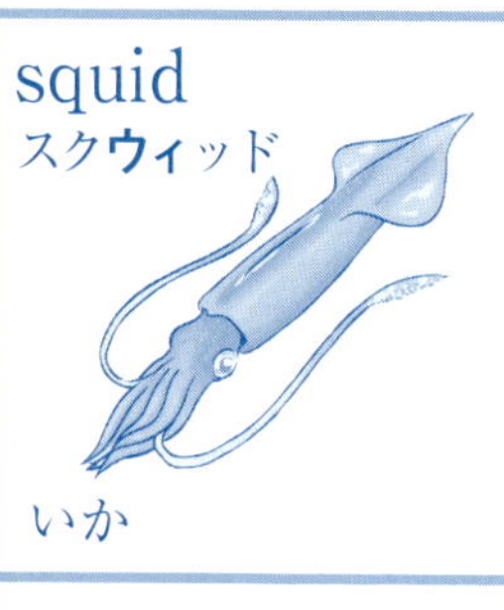 いか
shrimp シリンプ  小えび	oyster オイスタァ  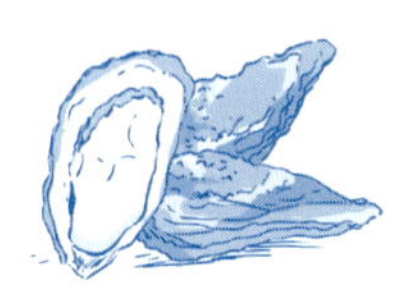 かき	starfish スターフィシ  ひとで
carp カープ こい	tadpole タァドポウル 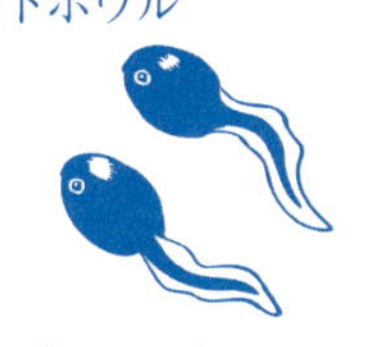 おたまじゃくし	frog フラッグ かえる

●次の動物たちは、ある決まりにしたがって並んでいます。**ア**と**イ**には下のどの生き物が入るでしょうか？ ①〜④から選んでください。

【答えは97ページ】

① octopus
② starfish
③ carp
④ tadpole

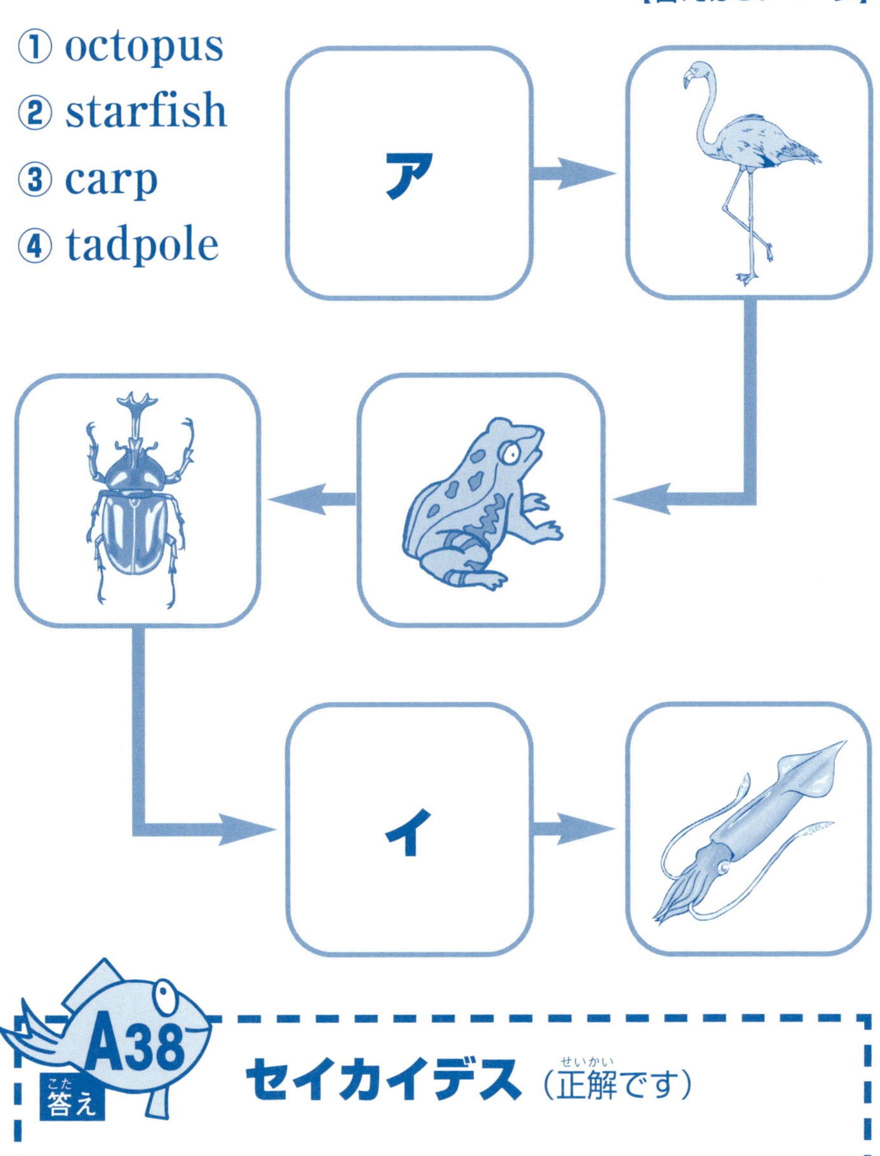

A38 答え

セイカイデス（正解です）

① Yes ② No ③ No ④ Yes ⑤ No ⑥ Yes

どんな形？

下のような立方体があります。この立方体を、①ではA、B、C、②ではD、E、Fを通る平面で2つに切ったとき、その切り口はそれぞれどのような形になるでしょうか？　右ページの**ア**～**ク**から選んでください。

【答えは99ページ】

例 図で**P**、**Q**、**R**を通るように、立方体を切ると右のような形の切り口ができますから、この場合の答えは「**オ**」（長方形 right triangle）となります。

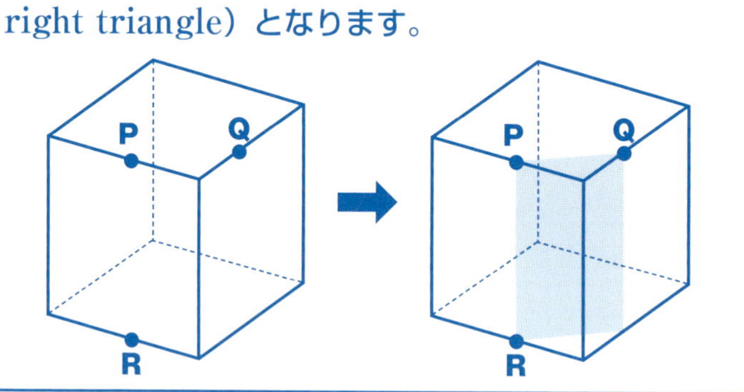

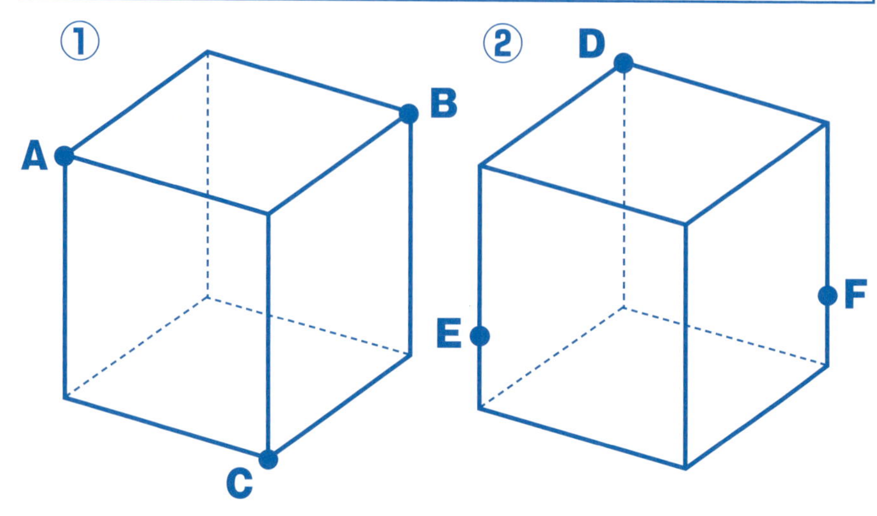

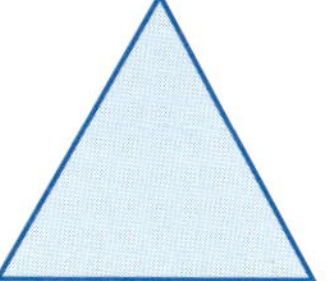

イークワラァタラル トゥライアングル
equilateral triangle
正三角形

イ

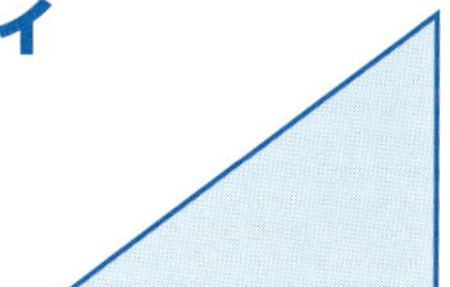

ライト トゥライアングル
right triangle
直角三角形

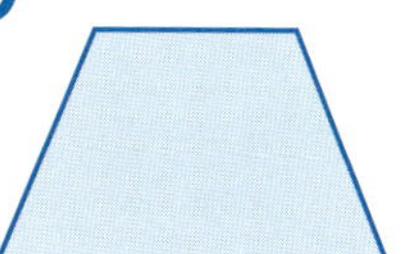

トゥラァパゾイド
trapezoid
台形

エ

スクウェア
square
正方形

オ

レクタァングル
rectangle
長方形

カ

パァラレログラァム
parallelogram
平行四辺形

キ

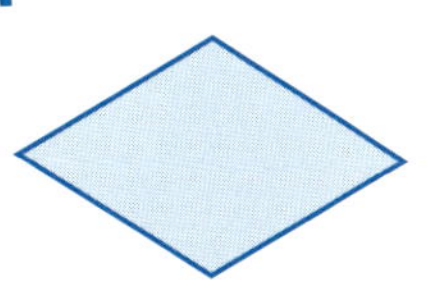

ラムバス
rhombus
ひし形

ク

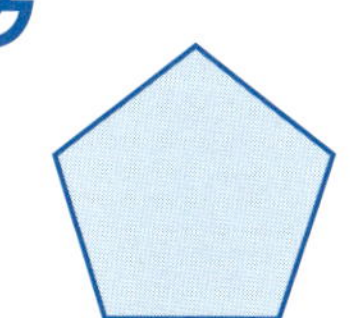

ペンタガン
pentagon
五角形

ケ

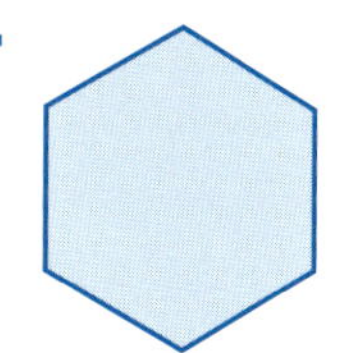

ヘクサガン
hexagon
六角形

ア…③　　イ…①

「ア」から始まって、足が2本ずつ増えていくように並んでいます。
だから「ア」は0本の carp（こい）が、「イ」には8本の octopus（たこ）が入ります。

絵で見る英単語⑯

Q36と同じく、人の動きや状態を表す単語です。

スマイル
smile
ほほえむ

ワント
want
ほしい、
～したい

アンダスタァンド
understand
理解する

ビート
beat
たたく

スィング
sing
歌う

リスン
listen
聞く

コール
call
呼ぶ、
電話する

ミート
meet
会う、
出迎える

ヒア
hear
聞こえる

アイ　ワンタ　ゴウ　スウィミング
I want to go swimming.
私は泳ぎに行きたい。

マイ　ネイム　イズ　サチコ
My name is Sachiko.
私の名前は幸子です。

コール　ミー　サチ
Call me Sachi.
サチと呼んでください。

●①～⑤のマスの当てはまる単語を、後に続く単語をヒントにして、1文字ずつ入れてください。全部入れ終わったとき、二重マスのたてに現れる単語は何でしょうか？ 【答えは101ページ】

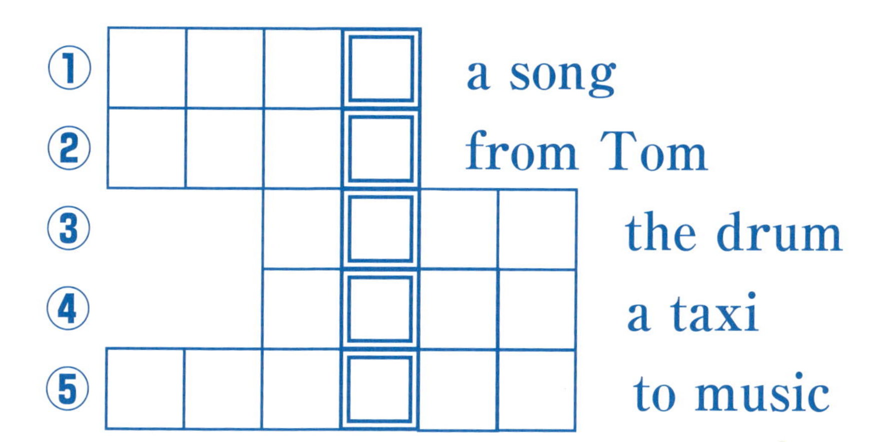

①…ア　②…ク

切り口は、それぞれ下のようになります。なお、立方体は cube（キューブ）といいます。

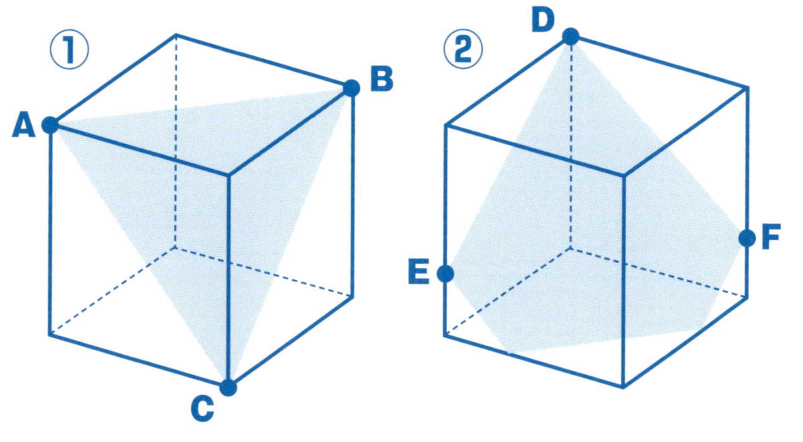

英検3級レベル

動物の入った慣用句

as cunning as a fox（キツネのようにずる賢い）のように動物を含む慣用句を集めました。①～⑥の□に当てはまる動物を右ページから選んでください。最後まで残ってしまう動物は何でしょう？

【答えは103ページ】

① as poor as a church □

（教会にいる□のように）貧しい

② eat like a □

（□のように）少食だ

③ a big □ in a little pond

小さい池（pond）の大きな□＝お山の大将

④ get up with the □

□とともに起きる＝早起きする

⑤ as wise as an □

（□のように）賢い　**ヒント：**角帽が似合うのは…

⑥ rain □s and □s

□と□の雨が降る＝どしゃぶり

ヒント：ペットとしておなじみの動物たちです

Great（グレイト）偉大な

①	s	i	n	g			a song　歌を歌う
②	h	e	a	r			from Tom*　トムから便りがある
③			b	e	a	t	the drum　ドラムをたたく
④			c	a	l	l	a taxi　タクシーをよぶ
⑤	l	i	s	t	e	n	to music　音楽を聴く

＊ hear from ～ = ～から便りがある

英検準2級レベル

同じ意味です

似た意味のことわざをペアにするクイズです。右ページの①～⑥の英語のことわざと意味の似ていることわざを、下のリストの**ア～カ**から、それぞれ選んでください。

【答えは107ページ】

リスト

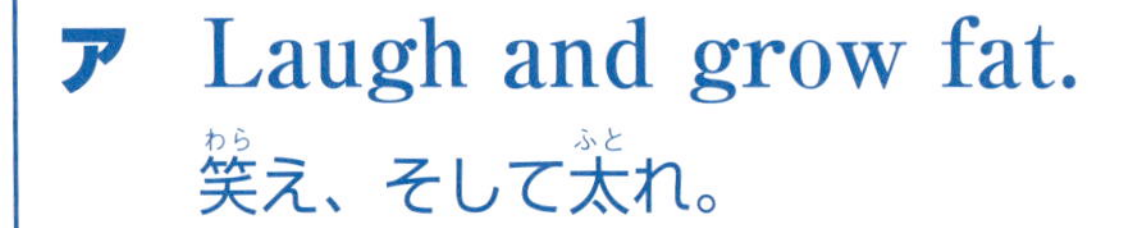

ア Laugh and grow fat.

笑え、そして太れ。

イ Even Homer sometimes nods.

ホーマー（ホメロス）でも時にこっくりする。

ウ Make hay while the sun shines.

日の照るうちに干し草を作れ。

エ Misfortunes seldom come singly.

禍いはひとりでは来ない。

オ The leopard cannot change its spots.

ヒョウはその斑点を変えられない。

カ All work and no play makes Jack a dull boy.

勉強ばかりで遊ばない子は馬鹿になる。

① The best brewer sometimes makes bad beer.

最良のビール醸造家も時にはまずいビールを造る

② Work while you work, play while you play.

働くときは働き、遊ぶときは遊べ

③ Strike while the iron is hot.

鉄は熱いうちに打て

④ It never rains but it pours.

降れば土砂降り

⑤ Fortune comes in by a merry gate.

幸運は陽気な門のそばに来る

⑥ The child is father of the man.

子どもはおとなの父

最後に lion（ライアン）が残ります。

①mouse ②bird ③fish ④lark ⑤owl ⑥cat, dog

意味が反対です

反対の意味のことわざをペアにするクイズです。右ページの①～⑥の英語のことわざと意味が反対のことわざを、下のリストの**ア**～**カ**から、それぞれ選んでください。

【答えは109ページ】

リスト

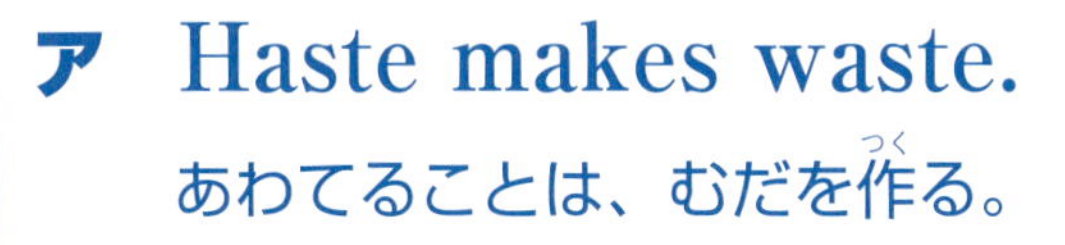

ア Haste makes waste.
あわてることは、むだを作る。

イ It is never too late to mend.
改めるのに遅すぎることはない。

ウ Fine clothes make the man.
立派な衣服が人をつくる。

エ Many hands make light work.
人手が多ければ仕事は軽くなる。

オ Absence makes heart grow fonder.
会えないことが一層恋しさを募らせる。

カ A good neighbor is better than a brother far off.
仲のよい隣人は遠くの兄弟より頼りになる。

① **Blood is thicker than water.**

血は水よりも濃い（他人よりも身内）

② **First come, first served.**

先着順から先に接待（早い者勝ち）

③ **Handsome is as handsome do.**

行いの立派なのが立派な人（見目より心）

④ **Once a thief, always a thief.**

一度泥棒になると、ずっと泥棒でいなければならない（かむ馬は、しまいまでかむ）

⑤ **Out of sight, out of mind.**

見えなくなるものは忘れられる（去る者は日々に疎し）

⑥ **Too many cooks spoil the broth.**

料理人が多すぎるとスープの味がだめになる（船頭多くして、船、山に登る）

何の授業が好きですか？

好きな授業をききたいときには、

ワット クラス ドゥ ユー ライク ベスト
What class do you like best ?
（何の授業がいちばん好きですか。）

などと言います。さて、恵子さんが一番好きな授業は、国語・理科・社会のうちどれでしょうか？ どちらかのスタートから入って矢印にしたがってゴールしたところが答えです。 【答えは111ページ】

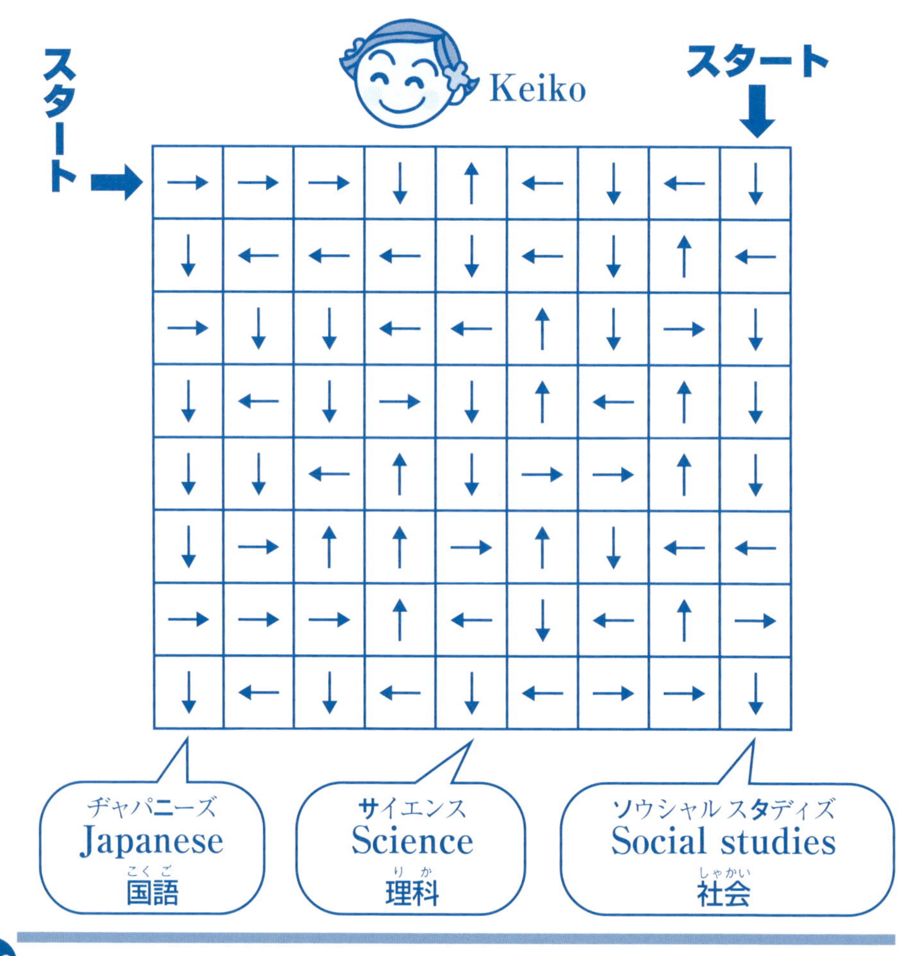

①イ　②カ　③ウ　④エ　⑤ア　⑥オ

① 弘法も筆のあやまり

The best brewer sometimes makes bad beer.

＝Even Homer sometimes nods.

ホーマー（ホメロス）でも時にこっくりする。

＊Homer「詩人ホメロス」　nod「居眠りする、うなずく」

② よく学び、よく遊べ

Work while you work, play while you play.

＝All work and no play makes Jack a dull boy.

勉強ばかりで遊ばない子は馬鹿になる。

＊dull「鈍い、さえない」

③ 好機、逸すべからず

Strike while the iron is hot.

＝Make hay while the sun shines.

日の照るうちに干し草を作れ。

④ 泣きっ面にハチ

It never rains but it pours.

＝Misfortunes seldom come singly.

禍はひとりでは来ない。　＊seldom「めったに…ない」

⑤ 笑う門には福来る

Fortune comes in by a merry gate.

＝Laugh and grow fat.

笑え、そして太れ。

⑥ 三つ子の 魂 百まで

The child is father of the man.

＝The leopard cannot change its spots.

ヒョウはその斑点を変えられない。

いま、何時？

ワット タイム イズ イット ナウ
What time is it now ?

（いま、何時？）の質問に答えた**ア～エ**に当てはまる英文を、下の①～⑦から2つずつ選んでください。2回使うものもあるよ。

【答えは113ページ】

① Good morning.
② Good afternoon.
③ Good evening.
④ It's two in the afternoon.
⑤ It's seven in the afternoon.
⑥ It's eight in the morning.
⑦ It's ten in the afternoon.

①カ　②ア　③ウ　④イ　⑤オ　⑥エ

① 血は水よりも濃い（他人よりも身内）
Blood is thicker than water.
⇔ A good neighbor is better than a brother far off.
仲のよい隣人は遠くの兄弟にまさる（遠くの親類より近くの他人）

② 先着順に接待を受ける（早い者勝ち）
First come, first served.
⇔ Haste makes waste.
急ぎは浪費のもと（急いてはことを仕損じる）

③ 行いの立派なのが立派な人（見目より心）
Handsome is as handsome do.
⇔ Fine clothes make the man.
立派な衣服が人をつくる（馬子にも衣装）

④ 一度泥棒になると、ずっと泥棒でいなければならない
Once a thief, always a thief.
⇔ It is never too late to mend.
改めるに遅すぎることはない（過ちては則ち改むるに憚ること勿れ）

⑤ 見えなくなるものは忘れられる（去る者は日々に疎し）
Out of sight, out of mind.
⇔ Absence makes heart grow fonder.
会えないことが一層恋しさを募らせる

⑥ 料理人が多すぎるとスープの味がだめになる
（船頭多くして、船、山に登る）
Too many cooks spoil the broth.
⇔ Many hands make light work.
人手が多ければ仕事は軽くなる

連想パズル②

①～⑤のイラストと関係の深いものを、
（　）の中から2つずつ選んでください。

【答えは115ページ】

(black flag　car　castle　chalk
crown　gas station　policeman
safe　sailing ship　textbook)

理科（りか）　下（した）のように進（すす）むとゴールにたどりつきます。

ことわざ穴うめクイズ①

次のことわざの□に当てはまる単語を推理して、下のリストから選んでください。 【答えは117ページ】

リスト

エッグ
egg（卵）

ファックス
fox（きつね）

プディング
pudding（プリン）

ミルク
milk（ミルク）

スプーン
spoon（スプーン）

ストゥール
stool（腰かけ）

① Between two □s you fall to the ground.

2つの□の間に座れば尻餅をつく（虻蜂取らず）

② Don't put all your □s in one basket.

□を全部一つのかごに入れるな（転ばぬさきの杖）

③ He sets the □ to keep the geese.

□にガチョウの番をさせる（猫に鰹節）

④ He must have a long ______ that sups with the devil.

悪魔と食事するものは、長い______を使え

「悪者と組むときは油断するな」

（ぴったりの日本のことわざはありません）

⑤ It is no use crying over spilt ______.

こぼれた______を見て泣いても無駄だ

（覆水盆に返らず）

⑥ The proof of the ______ is in the eating.

______の味は食べてみなければわからない

（論より証拠）

A46 答え　ア ③, ⑦　イ ①, ⑥　ウ ②, ④　エ ③, ⑤

グダアフタヌーン
◆Good afternoon.
こんにちは。

グディーヴニング
◆Good evening.
こんばんは。

インザモーニング
◆in the morning
午前

インズィアフタヌーン
◆in the afternoon
午後

英検3級レベル

ことわざ穴うめクイズ②

Q48と同じく、ことわざの［　　］に当てはまる単語を推理して、下のリストから選んでください。　【答えは119ページ】

リスト

ベア bear（クマ）	ファイア fire（火）
ケトゥル kettle（やかん）	スモウク smoke（煙）
ストゥロー straw（わら）	ウィング wing（つばさ）

① There is no ［　　］ without fire.

火の無い所に［　　］は立たぬ。

② A drowning man will catch at a ［　　］.

溺れるものは［　　］をもつかむ。

③ The pot calls the ［　　］ black.

ナベが［　　］を黒いという。（五十歩百歩）

④ Words have [　　　]s, and cannot be called.

言葉(ことば)には[　　　]があって、呼(よ)び戻(もど)せない。

(ぴったりの日本(にほん)のことわざはありませんが「口(くち)は災(わざわ)いのもと」が近い)

⑤ Catch your [　　　] before you sell its skin.

[　　　]の皮(かわ)を売(う)る前(まえ)にまずつかまえなさい。

(捕(と)らぬ狸(たぬき)の皮算用(かわざんよう))

⑥ Out of the frying pan into the [　　　].

フライパンの中(なか)から[　　　]の中(なか)へ。

(一難(いちなん)去(さ)ってまた一難(いちなん))

A47 答(こた)え

① castle (キャスル) 城(しろ)　crown (クラウン) 王冠(おうかん)

② car (カー) 自動車(じどうしゃ)　gas station (ギァス ステイション) ガソリンスタンド

③ policeman (ポリースマン) 警官(けいかん)　safe (セイフ) 金庫(きんこ)

④ chalk (チョーク) チョーク　textbook (テクストブック) 教科書(きょうかしょ)

⑤ black flag (ブラァック フラァッグ) 海賊旗(かいぞくき)　sailing ship (セイリング シップ) 帆船(はんせん)

英検3級レベル

クロスワードパズル①

カギを手がかりにクロス面に単語を入れてください。パズルが完成したら、二重マスのア～オに入る文字を順につないでできる単語を答えてください。

【答えは121ページ】

ヨコのカギ

① clock ____（時計台）

④ ⇔ daughter

⑥ ____ cream, ____d coffee, ____-skating

⑦ ____ board, ____ hole, ____ word

⑧ What is your ____?
=How old are you ?

⑩ I have a dog.
I like ____ very much.

⑪ speak ____ of …（…の悪口を言う）

⑫ machine ____（機関銃）

⑬「追伸」の略

⑭ a ____ of a chair（いすの脚）

⑱ ミツバチ。work like a ____
（せっせと働く）

⑲ It is no ____ cry over spilt milk.
（覆水盆にかえらず。"no ____"は、「役に立たない」）

⑳ world ____, road ____, blank ____

㉑ ____ and day（日夜、四六時中）

タテのカギ

① ____ a taxi（タクシーに乗る）
____ a picture（写真をとる）

② by the ____（ところで）

③ engagement ____（婚約指輪）

④ ⇔ land

⑤ ____ week（来週）

⑧ ____ right ＝ OK, Sure

⑨ ____ plant（ナス）

⑩ Don't swim ____ the river.
（この川で泳いではいけません。）

⑪ It ____ five o'clock now.
（今5時です。）

⑬ てのひら

⑮ ～でさえ、～でも

⑯ ⇔ right

⑰ coffee ____, ____ cake, a ____ and saucer

⑱ a traveling ____（旅行カバン）

1		ア2		オ3		4		5
				6				
7						イ		
			8		9		10	
	11				12			
13			14	15				16
		17				18		
		19		エ				
20				21				ウ

① stool（腰かけ）　② egg（卵）

③ fox（きつね）　④ spoon（スプーン）

⑤ milk（ミルク）　⑥ pudding（プリン）

クロスワードパズル②

カギを手がかりにクロス面に単語を入れてください。パズルが完成したら、二重マスの**ア**～**オ**に入る文字を順につないでできる単語を答えてください。

【答えは123ページ】

ヨコのカギ

① How ____ going for a walk?
（散歩にいきませんか）

③ classical ____, popular ____, ____ band

⑤ ____ → two → three

⑥ 運転する

⑩ yesterday → ____ → tomorrow

⑪ bases-loaded ____（満塁ホームラン）

⑬ an ____ son（一人息子）

⑮ テープ

⑰ a cup of ____（1杯のお茶）

⑱ ⇔ back, rear

⑳ Five plus three is ____.

㉒ 人、人類、男

㉓ ナイフ

㉔ keep a ____（日記をつけている）

タテのカギ

① ham ____ eggs（ハムエッグ）

② 足の指、つま先

③ Nice to ____ you.（はじめまして）

④ sister ____（姉妹都市）

⑦ It is ____ing hard.
（雨がひどく降っている）

⑧ Thank you ____ much.
（どうもありがとう）

⑨ That's a good ____.
（それはいい考えだ）

⑫ Are you a teacher ?
No, I am ____.

⑭ You ____ happy.（うれしそうだね）

⑮ タクシー

⑯ ⇔ pull

⑱ フォーク

⑲ at that ____（そのとき）

⑳ from beginning to ____
（はじめから終わりまで）

㉑ ____ shop（おもちゃ屋）

1				2		3				4
				5						
6	7	カ	8					9		
						10		ア		
			11		12					
13		ウ 14					15		エ 16	
					17					
18				19						
イ						20			オ	21
				22		キ				
23						24				

① smoke（煙）　② straw（わら）

③ kettle（やかん）　④ wing（つばさ）

⑤ bear（クマ）　⑥ fire（火）

英検4級レベル

お天気迷路

お天気の迷路です。スタートから入って、例のような順番でマス目を通ってゴールまでたどりついてください。どのように進めばいいかな？ ただし、ナナメに進むことはできません。 【答えは125ページ】

例 進む順番

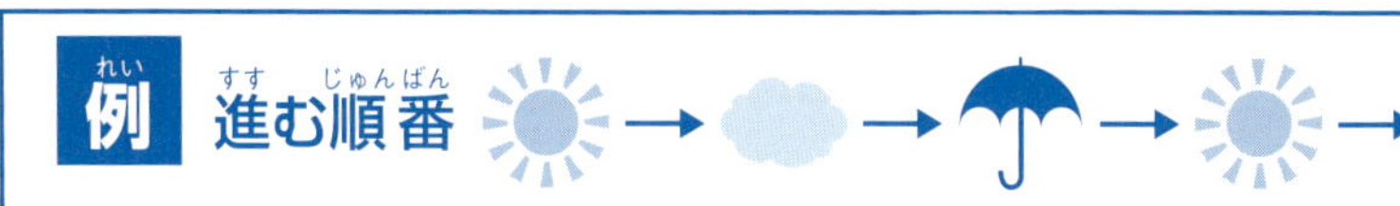

通れないところ

start ↓ It's fair today.

It's rainy today. ↓ **goal**

WATER（ウォータ）水

[1] T	O	[2] W	E	[3] R		[4] S	O	[5] N
A		A		[6] I	C	E		E
[7] K	E	Y		N		A		X
E			[8] A	G	[9] E		[10] I	T
	[11] I	L	L		[12] G	U	N	
[13] P	S		[14] L	[15] E	G			[16] L
A		[17] C		V		[18] B	E	E
L		[19] U	S	E		A		F
[20] M	A	P		[21] N	I	G	H	T

絵で見る英単語⑰

いろいろな虫の名前です。

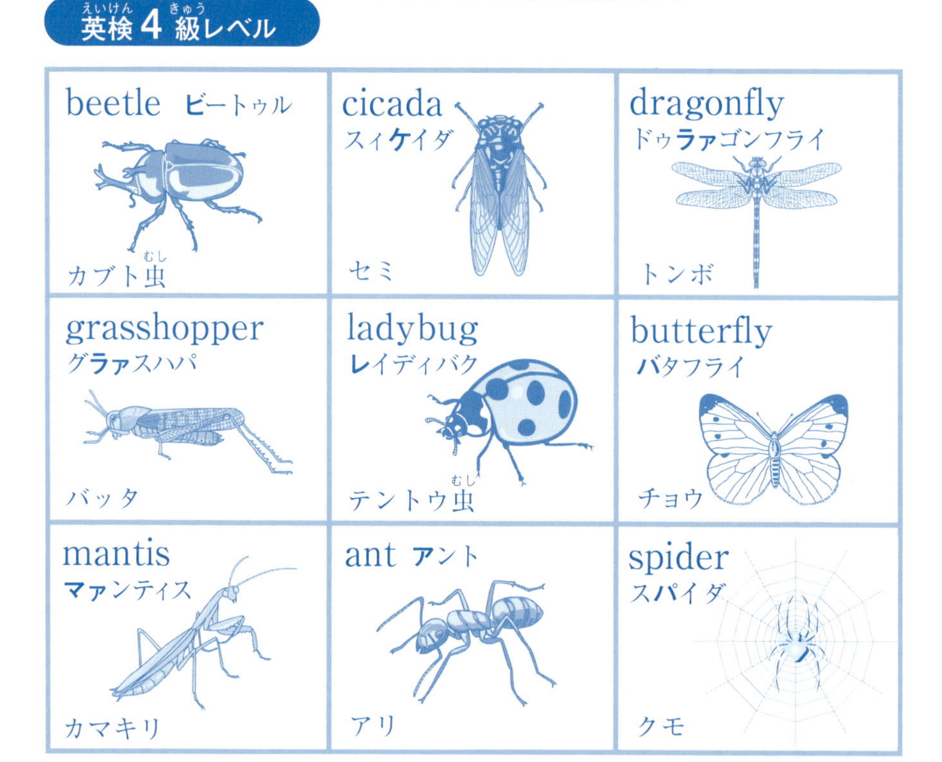

●草むらにかくれて見にくいけれど、2匹の虫がかくれているよ。
どんな虫がかくれているのか、わかりますか。【答えは127ページ】

DOLPHIN（ダルフィン）イルカ

1 A	B	O	U	2 T		3 M	U	S	I	4 C
N				5 O	N	E				I
6 D	7 R	I	8 V	E		E		9 I		T
	A		E			10 T	O	D	A	Y
	I		11 R	U	12 N			E		
13 O	N	14 L	Y		O		15 T	A	16 P	E
		O			17 T	E	A		U	
18 F	R	O	N	19 T			X		S	
O		K		I		20 E	I	G	H	21 T
R				22 M	A	N				O
23 K	N	I	F	E		24 D	I	A	R	Y

英語の慣用表現

日本文の意味になるように［　　　］の中に当てはまることばをア～ウから選んでください。 【答えは127ページ】

① Don't ［　　　］ till tomorrow what you can do today.

今日できることは明日まで延ばすな。

ア try on　　**イ** come out　　**ウ** put off

② This dictionary is ［　　　］.

この辞書は最新のものです。

ア a new face　　**イ** up to date

ウ as fresh as a daisy

③ You are an early ［　　　］ today.

今日は早起きだね。

ア bird　　**イ** fish　　**ウ** train

④ You sometimes build ［　　　］ in the air.

あなたはときどき空想にふけることがある。

ア castles　　**イ** houses　　**ウ** towers

⑤ Christmas is [　　　　].

もうすぐクリスマスだ。

ア from day to day　イ close call

ウ just around the corner

⑥ I know him [　　　　].

彼のことは知りつくしています。

ア end over end　イ through and through

ウ from hand to mouth

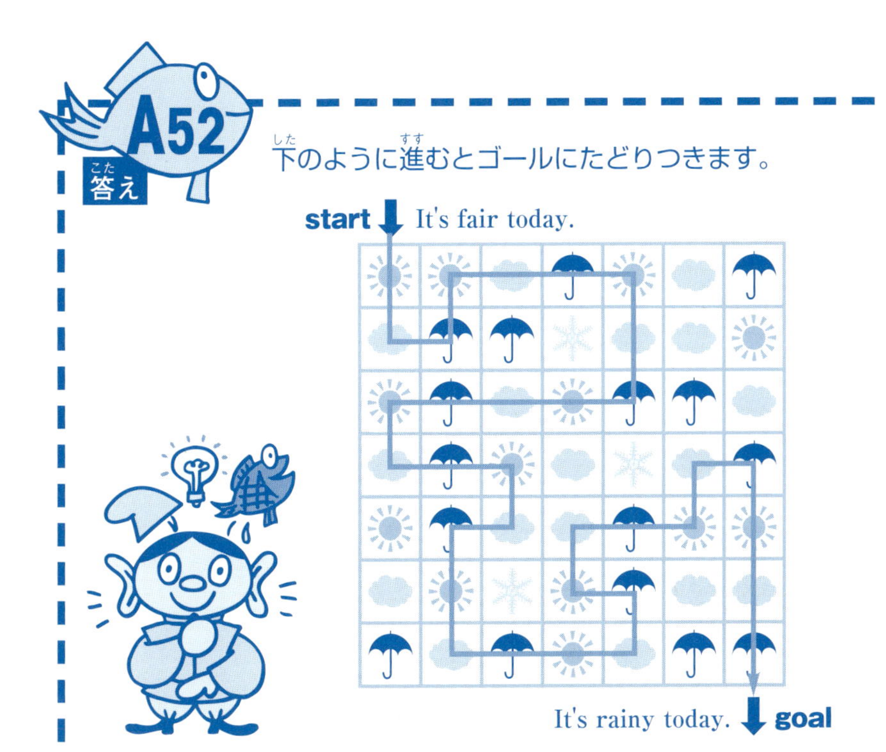

わたしの家

私の家とイサオおじさんの家とヨシコおばさんの家は、図のように同じ町の東西に並んで建っています。また、私の父とイサオおじさん、ヨシコおばさんの職業は、医者、教師、会社員のどれかです。下に書かれた①～③の3つの条件から、私の家の位置とヨシコおばさんの職業は何かを推理してください。

【答えは128ページ】

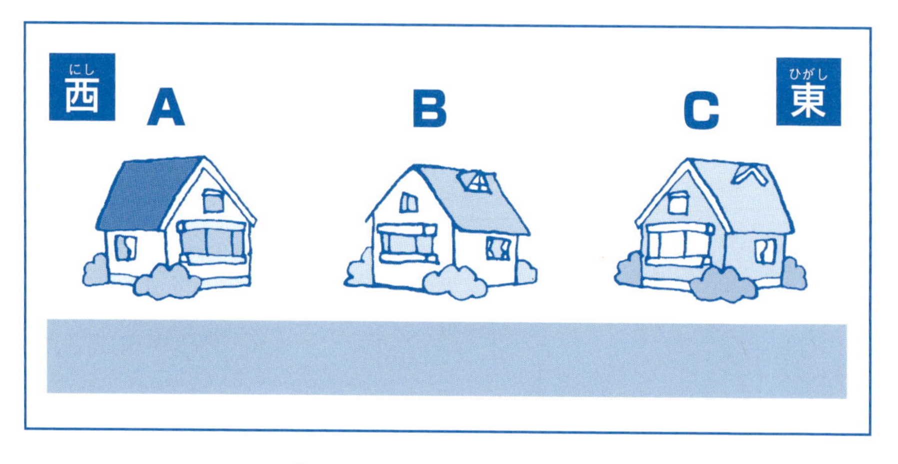

① Uncle Isao's house is in the east of my house.

② Aunt Yoshiko's house is in the west of the company employee's house.

③ The doctor's house is in the east of the company employee's house.

spider（クモ） mantis（カマキリ）

① ウ　put off「延期する」（ア の try on は「試着する」、イ の come out は「出てくる、（花が）咲く」という意味）

② イ　up to date「最新式の」（ア のnew faceは「新人」、ウ の as fresh as a daisy は「元気はつらつ」という意味）

③ ア　an early bird「早起きの人、早く来た人」という意味）

④ ア　build castles in the air「非現実的な空想にふける」

⑤ ウ　just around the corner「かどを曲がったところに、すぐそこに」（ア の from day to day は「日一日」、イ の close call は「危機一髪」という意味）

⑥ イ　through and through「まったく、すっかり」（ア の end over end は「反対向きに」、ウ の from hand to mouth は「その日暮らしで」という意味）

A55

答え 私の家の位置…B、ヨシコおばさんの職業…教師

① イサオおじさんの家は、私の家の東にあります。

② ヨシコおばさんの家は、会社員の家の西にあります。

③ 医者の家は、会社員の家の東にあります。

【解説】

②と③の条件から、西から順に、ヨシコおばさんの家、会社員の家、医者の家という順番で並んでいることがわかります。これと①から会社員の家＝私の家、医者の家＝イサオおじさんの家ということがわかります。よって、ヨシコおばさんの職業は残りの教師ということがわかります。

中学受験　英単語パズル

発　行　2017年1月20日　初版第1刷発行
著　者　合格アプローチ編集部
発行者　山本 浩二
発行所　株式会社グローバル教育出版
〒101-0047 東京都千代田区内神田2-4-2
Tel.03-3253-5944　Fax.03-3253-5945
http://www.g-ap.com/
印刷所　瞬報社写真印刷株式会社

©Goukaku approach 2017 Printed in Japan

定価はカバーに表示してあります。
乱丁・落丁本がありましたらお取り替えいたします。
本書の内容の一部、あるいは全部を無断で複製複写（コピー）することは、法律で認められた場合を除き、著作権および出版権の侵害になりますので、その場合はあらかじめ小社あてに許諾を求めてください。